江苏高校哲学社会科学重点研究基地新时代『三农』问题研究中心研究成果

农业科技现代化先行示范县共建的句容——江苏大学实践

袁寿其 金丽馥 等 编著

江苏大学出版社
JIANGSU UNIVERSITY PRESS
镇 江

图书在版编目(CIP)数据

农业科技现代化先行示范县共建的句容-江苏大学实践 / 袁寿其等编著. — 镇江 ：江苏大学出版社，2022.12

ISBN 978-7-5684-1912-3

Ⅰ.①农… Ⅱ.①袁… Ⅲ.①农业现代化－研究－句容 Ⅳ.①F327.534

中国版本图书馆 CIP 数据核字(2022)第 242598 号

农业科技现代化先行示范县共建的句容—江苏大学实践

Nongye Keji Xiandaihua Xianxing Shifanxian Gongjian de Jurong—Jiangsudaxue Shijian

编　　著/袁寿其　金丽馥　等
责任编辑/孙文婷
出版发行/江苏大学出版社
地　　址/江苏省镇江市京口区学府路 301 号(邮编：212013)
电　　话/0511-84446464(传真)
网　　址/http://press.ujs.edu.cn
排　　版/镇江市江东印刷有限责任公司
印　　刷/广东虎彩云印刷有限公司
开　　本/718 mm×1 000 mm　1/16
印　　张/15.5
字　　数/189 千字
版　　次/2022 年 12 月第 1 版
印　　次/2022 年 12 月第 1 次印刷
书　　号/ISBN 978-7-5684-1912-3
定　　价/68.00 元

如有印装质量问题请与本社营销部联系(电话：0511-84440882)

编辑委员会

—— 主编 ——

袁寿其　金丽馥

—— 副主编 ——

石宏伟　李炳烁　徐小阳　付清松

张慧卿　王志刚　王林兵

序

习近平总书记强调，“农业现代化关键是农业科技现代化”。党的二十大报告指出，要“加快建设农业强国，强化农业科技和装备支撑”。加快转变农业发展方式，迫切需要依靠科技创新增强发展动力；促进社会消费结构加速升级，迫切需要科技支撑多元化食物供给体系；加强生态环境保护，实现“碳达峰、碳中和”目标，迫切需要科技引领农业绿色低碳发展；建设宜居宜业和美乡村，提高农业农村生产生活条件，迫切需要依靠科技创新提供示范引领。

近年来，镇江市委、市政府始终坚持农业农村优先发展，跑出了科技赋能乡村振兴加速度。强化种业科技攻关，建成省级特色优势种苗中心 3 个、省级种质资源圃 6 个，“镇麦 15”创苏南亩单产历史最高纪录。建强科技平台载体，建成省级现代农业产业技术体系示范基地 15 个，连续举办 5 届农业科技嘉年华。强化政产学研合作，聘请 5 名院士作为“三高”农业发展顾问，“一村一所”覆盖率达 92. 6%，建立农业产业研究院 12 个，与江苏大学共建全省首家智能农机装备产业联盟。加快农技推广服务，建立新品种、新技术推广示范基地 40 余个，遴选 220 名农技专家组建亚夫科技服务团，为农民办实事、解难题。2021 年 7 月，句容市与江苏大学结成农业科技现代化共建单位，成功入选全国农业科技现代化 72 个先行县共建名录，不仅为江苏大学和句容市的合作与发展搭建了高层次平台、带来了新的机遇，也对镇江农业科技现代化具有良好推动作用和示范效应。

江苏大学是工科院校长期坚持为“三农”服务的一面

旗帜，句容是全面推进乡村振兴的一方热土。入选全国农业科技现代化先行县共建名录以来，句容市与江苏大学共商共建、优势互补，因地制宜、精准发力，构建党、政、产、学、研、社六位一体的“共建共同体”。建立多层次立体化科研平台，推动“基地示范”“数字互联”，促进农业科技创新集成和成果转化；实施进村入户工程，推行“全程机械化+综合农事”模式，让农民更多参与科技现代化，打通农业科技推广“最后一公里”；构建农业科技现代化助力乡村振兴新机制，完善农业科技现代化顶层设计与政策保障，推动共建农业科技现代化先行示范县迈出坚实步伐、取得阶段性成效。农业农村部 2021 年考评结果显示，句容市和江苏大学共建工作获得综合考评“良好”等次；句容市获得单项考核“优秀”等次，获农业农村部科教司通报表扬。成绩值得肯定，成效值得点赞！

由江苏大学党委书记袁寿其同志牵头编写的《农业科技现代化先行示范县共建的句容—江苏大学实践》一书，对一年多来的共建工作做了全面系统的梳理总结，重点突出、亮点纷呈，充分体现了江苏大学“把科研成果写在镇江大地上”的学术承诺。希望共建双方坚持以习近平总书记关于“三农”工作的重要论述为遵循，认真学习贯彻党的二十大关于“全面推进乡村振兴”的重要部署，进一步落实总书记对镇江和江苏大学的重要批示精神，继续深化合作、协同发力，推动农业科技现代化先行示范县建设往深处走、往实处落，形成更多示范成果，取得更大工作成效，加快推进农业农村现代化，为谱写“强富美高”新江苏现代化建设镇江篇章贡献更多智慧和力量！

镇江市委书记

2022 年 10 月

目录

第1章　句容经济、产业和农业概况

句容市位于苏南地区长江流域经济开发带，东连镇江、西靠南京、东北依长江并与扬州隔江相望，距上海200公里，区位优势和资源优势突出。句容市辖3个街道办事处（崇明街道、华阳街道、黄梅街道）、8个镇（下蜀镇、宝华镇、边城镇、白兔镇、郭庄镇、后白镇、天王镇、茅山镇）、3个开发区管委会（句容经济开发区管理委员会、赤山湖管理委员会、茅山风景区管理委员会）、20个重点乡镇工业园区、15个国有农林场圃，不仅是首批公布的沿海对外开放地区之一，同时也是全国综合实力百强县之一。

1.1　句容经济和产业概况

长期以来，句容市依托区位优势和政策优势，并积极借鉴世界各地的先进经验，各项事业都保持着较快的发展速度。特别是党的十八大以来，句容市通过全局性谋划和战略性布局，全面落实“一福地四名城”城市定位、“1355”战略部署和“美丽句容”关键抓手，在高质量发展道路上的前进步伐日益加快，全国综合实力百强县排名上升至第49位，列全面小康指数百强县第37位、全国县级市基本现代化指数第36位、全国县域旅游综合实力百强县第19位，成功摘得第六届全国文明城市桂冠，成为高质量推进基本现代化典型城市。

1.1.1　句容经济

据测算，句容市在全国县域范围内，竞争力等级、县域相对富裕程度、县域相对绿色指数、县域人文环境等级等均达到A级以上，具有坚实的良好发展基础和强劲的经济活力。

2015年，句容市地区生产总值为470亿元，较上年增长10%；一般公共预算收入40.01亿元，增长11.4%；固定资产投资304.6亿元，增长18%；社会消费品零售总额130.9亿元，增长12.8%；实际利用外资2.87亿美元，进出口总额5.18亿美元；城镇居民人均可支配收入37700元，增长9%；农村居民人均可支配收入17500元，增长10%。

2016年全年，句容市实现地区生产总值493.2亿元，按可比价计算，同比增长9.3%。第一产业增加值43.11亿元，增长1.1%；第二产业增加值231.9亿元，增长9.5%，其中，工业增加值206.8亿元，增长9.7%；第三产业增加值218.19亿元，增长10.9%。经济运行质量提高，第三产业快于第二产业1.4个百分点，服务业增加值占GDP比重为44.2%，同比提高0.8个百分点。经济结构进一步优化，三次产业增加值的比例由上年的8.8∶47.8∶43.4调整为8.8∶47.0∶44.2。人均地区生产总值（按常住人口计算）81901元，比上年增加6881元。财政收入增速明显，总收入达117.24亿元，同比增长15.18%，其中，全年全市完成公共财政预算收入（营改增新口径）40.48亿元，同比增长1.18%，税占比达89.87%。全年全市固定资产投资完成360.81亿元，同比增长15.3%，高于镇江市平均增幅0.2个百分点。大力推进新型城镇化建设，城镇化率达57.06%，比上年提高了1.66个百分点。

2017年全年，句容市实现地区生产总值530亿元，增长

7.8%；完成一般公共预算收入44亿元，同口径增长18.3%；社会消费品零售总额157.6亿元，增长11%；实际利用外资3.2亿美元；城乡居民人均可支配收入分别达到44031元和20480元，分别增长8.5%和8.3%。一般公共预算收入增幅、税占比均居全省前列。

2019年全年，句容市实现地区生产总值660亿元，增长6.5%；完成一般公共预算收入53.5亿元，同口径增长7%，税占比90.2%；固定资产投资251亿元，增长3.4%；先进制造业到账外资5159万美元；社会消费品零售总额178亿元，增长6.3%；全体居民人均可支配收入达38841元，增长8.3%；单位建设用地税收收入镇江排名第一。

2020年，句容市实现地区生产总值690亿元，增长3%；完成一般公共预算收入54.85亿元，增长2.5%。

2021年全年，句容市实现地区生产总值736.75亿元，按可比价计算，比上年增长9.3%。其中，第一产业增加值55.54亿元，增长4.0%；第二产业增加值313亿元，增长10.7%；第三产业增加值368.21亿元，增长9.0%。三次产业结构比例由上年的7.8∶42.0∶50.2调整为7.5∶42.5∶50.0。全市人均地区生产总值达114973元，比上年增加9314元，增长8.8%。一般公共预算收入达到57.64亿元，工业应税销售收入达到636.6亿元，银行业金融机构存贷款余额双双突破千亿大关，经济运行质量效益稳步提升。

2021年，句容市经济发展表现出以下几个方面的鲜明特征：

（1）创新动能持续增强。全市1个省级开发区和13个工业集中区实现了优化整合提升，加快了产业集聚转型。全市实际使用外资1.42亿美元，工业战略性新兴产业产值占工业总产值比重达41%。不仅一些本土企业成为句容创业板上市“第一股”，而且宝华镇、下蜀镇、郭庄镇入选全国千强镇名单，取得历史性突破。全年新增高新技术企业培育入库 43 家，国家科技型中小企业评价入库 297 家，同比增长 177%；技术合同成交额由 2.1 亿元增长为 22 亿元。万城创客盟创成省级众创空间，8 家企业被认定为省星级上云企业，新增省级“星创天地”1 家。句容高新技术创业园和江苏富达创业园创成省级科技企业加速器，实现全市零的突破。制定出台“福地句才”实施意见，新增省“双创”、镇江“金山英才”计划 14 人，新引进高校毕业生 4000 余人，成功举办联想之星创业联盟理事年会暨镇江行活动、“2021 招才引智”句容—长沙专场活动，顺利通过省知识产权强省建设区域示范工作验收。

（2）乡村振兴全面推进。粮食生产面积 56.54 万亩，总产量达 25.83 万吨，实现双提升，1.2 万亩高标准农田项目建设完成。入选省第四批农村改革试验区，入选国家农业科技现代化先行县，成为全省首批农业现代化示范区。推行绿色防控示范区建设，何庄村获评全国乡村治理示范村，戴庄村创成省级生态循环农业试点示范村。“戴庄经验”深化拓展，“金穗行动”“整村授信”等为全市新型经营主体提供金融助力。新增国家农民合作社示范社 2 家（丁庄万亩葡萄专业合作联社、后白镇道兵农机专业合作社）、全国生态农场 2 家（丁庄万亩葡萄专业合作联社、戴庄有机农业专业合作社）、全国乡村特色产业亿元村 6 个（唐庄村、白兔村、永兴村、丁庄村、丁家边村、西冯村），茅山风景区集镇通过省美丽宜居小城镇考核验收。新建成美丽宜居乡村 30 个，下蜀范巷村入选省级特色田园乡村。全面完成 64301 座户厕修缮改造任务，无害化户厕普及率达到 100%。未来，句容将围绕稳产保供，建立分区包片助力生产制度，着力提升农田管护水平，采用“小田并大田”等创新举措，建成高标准农田 1.3 万亩。按照“都市农业”的市场导向、“精品农业”的价格选择、“休闲农业”的功能定位、“循环农业”的生态理念、“智慧农业”的技术方向，优化生产结构、产业结构、经营结构。重点布局粮食、鲜果、茶叶、蔬菜四大优势产业。以“链长制”为统领，开展具体指导，坚决扛起壮大特色产业的责任担当。围绕基地、规划、品牌、平台、体系、链条、队伍、农场、招商等“九个一”要求，着力在品牌和体系建设、规划和平台建设、产业链延伸、队伍和基地建设、农场发展、产业招引等方面下功夫，大力培育农业农村发展新动能，统筹推进全市乡村产业发展。

（3）农业科技先行县建设稳步推进。长期以来，句容聚焦产业强市“一号战略”不动摇，以乡村振兴考核“镇江第一、全省第一等次”为目标，夯实基础、把准方向、高频调度，为乡村产业振兴提供坚强支撑。当前，句容市已经制定了清晰的乡村振兴战略实施方案。聚力发展现代农业。压实粮食安全责任制，严守耕地红线，开展土地违法违规问题“清零”行动，坚决遏制耕地非农化、非粮化，推进旱涝保收、高产稳产“吨粮田”建设，夯实农业发展根基。以争创省级农高区为目标，突出智慧农业和科技农业两大重点，加强园区与高校院所的合作，推动基地与产业融合发展。加大农产品地理标志和农产品区域公共品牌培育，丰富大米、鲜果、茶叶等绿色有机农产品供给，开展绿色食品、有机农产品基地认证2万亩以上，规模农产品生产主体可追溯率超85%。新建高标准农田1.3万亩，新培育农业科技示范主体210户，新建省级现代农业产业技术体系示范基地3家，打造省级生态循环农业试点示范村1个。着力优化人居环境。扎实开展农村人居环境整治提升，加强新型农村社区建设，推进特色小镇和特色田园乡村高质量发展。科学开展国土绿化，创建5个省级绿美乡村。

加快推进“福道”优化提升工程建设，实施“四好农村路”建设8公里、农路危桥建改6座。加快推进农村污水治理设施建设，实施生态河道、生态灌区、生态清洁小流域建设，完成农村河道疏浚土方50万方，创成省级生态河道10条。倾力推动富民增收。深化“万企联万村共走振兴路”行动，强化村企融合、村企联建，不断拓宽村集体经济增收路径。加大“春风行动”人才招聘力度，鼓励返乡人员回村创业，加强农民专业技能培训，培养新型职业农民900人以上。大力实施“双百双兴”计划和“123人才培育工程”，加快电子商务示范县创建，推进“互联网+农业”，推动特色农产品线上线下产销融合对接。

1.1.2 句容产业

在“产业强市”战略部署下，句容市着力全面打造枢纽经济、产业经济、城市经济、农业农村经济、消费经济，推动经济增长保持中高速、产业发展迈向中高端。

（1）农林牧渔业。2021年，句容市全年实现农林牧渔服务业增加值60.70亿元，按可比价计算，比上年增长4.0%。其中，种植业41.00亿元，增长4.4%；林业2.94亿元，下降4.5%；畜牧业4.78亿元，增长3.2%；渔业6.82亿元，增长6.1%；农业服务业5.16亿元，增长4.5%。粮食产量小幅增长。全年粮食播种面积56.54万亩，比上年增加1.51万亩。粮食总产量25.83万吨，比上年增加0.06万吨。主要农产品生产稳定。全年生猪累计出栏6.22万头，比上年减少1.49万头；家禽出栏927万只，比上年增加241万只；水产品产量2.55万吨，比上年增加0.01万吨。现代农业加快发展。全年设施农业面积1.23万公顷，新型职业农民0.18万人。全年种植规模户1739个、畜禽养殖规模户191个、家庭农场1387个、农民专业合作社710个、农业产业园区8个。

（2）工业和建筑业。2021 年，句容市全年工业用电量 18.06 亿千瓦时，比上年增长 4.2%。实现规模以上工业总产值 485.60 亿元，增长 19.1%，其中轻工业增长 12.8%，重工业增长 20.2%。30 个行业中，实现增长的有 23 个，总量占比排名靠前的非金属矿物制品业，电力、热力生产和供应业，电气机械和器材制造业，金属制品业，计算机、通信和其他电子设备制造业，化学原料和化学制品制造业等 6 个行业增长分别为 16.4%、26.0%、28.8%、13.6%、20.4%和 30.9%。全年实现规模以上工业增加值 142.31 亿元，增长 12.5%。制造业增加值占 GDP 比重为 32%。建筑业发展稳步壮大。全年列统资质以上建筑业企业 116 家，其中新增列统 16 家，创历史新高。实现建筑业总产值 127.60 亿元，比上年增长 15.7%，其中建筑工程产值 124.44 亿元，增长 18.5%。

（3）固定资产投资与房地产。2021 年，句容市全年实现固定资产投资 271.17 亿元，比上年增长 10.3%。其中，工业投资 77.76 亿元，增长 31.4%；制造业投资 61.19 亿元，增长 24.5%；高技术产业投资 39.59 亿元，增长 52.6%。制造业投资、高技术产业投资占固定资产投资的比重分别为 22.6%和 14.6%。房地产市场稳定发展。全年实现房地产开发投资 120.09 亿元，增长 1.4%。房地产房屋施工面积 1028.49 万平方米，增长 13.4%。房屋竣工面积 117.37 万平方米，增长 61.1%。商品房销售面积 222.66 万平方米，增长 4.5%。商品房销售额 196.88 亿元，下降 2.4%。

（4）文化和旅游。2021 年，句容市全年共开展全民艺术普及活动 1128 场次，极大地丰富了广大人民群众的文化生活。与此同时，旅游业也加速发展。截至 2021 年年末，句容市拥有 A 级景区 8 家，其中，AAAAA 级景区 1 家、AAAA 级景区 2 家、AAA 级景区 5 家，拥有省级旅游度假区 1 家。“一山三湖”片区旅游发展总体规划编制完成，“走进茅山抗日根据地”入选全省20条“永远跟党走”红色旅游线路，茅山镇入选第一批全国乡村旅游重点镇，伏热花海创成全国休闲农业与乡村旅游五星级园区，茅山风景区创成低碳景区。全年接待游客人数增长24.2%，实现旅游总收入增长32.9%。

未来，句容推动产业强市的战略部署聚焦于以下几个方面：

（1）培育产业优势。瞄准南京五大地标产业、八大产业链和镇江“四群八链”，持续开展专业化招商、产业链招商，进一步补链、延链、强链，打造一批“链主企业”“隐形冠军”。全年开展专题招商45场次以上，引进亿元以上产业类项目80个。以重大项目为引擎，一切围绕项目转、一切围绕项目干，加快推进石砀山抽水蓄能电站、中电光谷等一批重大项目，确保全年新开工亿元以上产业项目32个，新竣工亿元以上项目17个。深入推进“产业强链”三年行动计划，继续推动园区整合优化提升，深化闲置低效土地处置，不断提高产业集群整体竞争力。

（2）激发创新动能。抢抓312国道产业创新走廊建设机遇，持续做好“双招双引”工作，围绕产业链部署创新链，围绕创新链布局产业链。全面实施创新型企业培育工程，深入推进“企业上云”，实施单项冠军培育提升专项行动，力争新增1家省级智能工厂，创成镇江市级以上专精特新“小巨人”企业3家。坚持“以产聚才、以才兴产”，深入实施“福地句才”工程，让更多科技领军人才、青年科技人才和创新团队在句容大展身手、创新创业。坚持数字产业化、产业数字化，加快数字经济发展。

（3）强化服务保障。深化“句满意”服务品牌建设，持续开展营商环境提升行动，努力为企业发展和人才成长提供全生命周期保障。一体推进“放管服”改革，深化“一件事”改革，加强事前事中事后全链条全领域监管。继续推进企业“帮办员”制度，进一步畅通政企沟通渠道，了解企业家所思所想、所困所惑，让助企惠企政策更加“合身”“解渴”。强化金融保障，大力发展科技金融、产业链金融、普惠金融、绿色金融。

1.2 句容地域性农业状况

1.2.1 句容农村自然地理环境

（1）气候条件。句容市属北亚热带中部气候区，具有明显的季风特征，干湿冷暖，四季分明，热量充裕，无霜期长，雨水丰沛，光照充足，气候条件优越。句容市年平均气温 15.2 ℃（最高气温 38.0 ℃，最低气温-10 ℃），年平均相对湿度 78%，年平均降水量 1100 毫米，雨量主要分布在梅雨季节和台风期，夏季东南风，冬季西北风，无霜期 229 天，年日照时数 2000 小时。

（2）土地资源。句容全市人口约 60 万，总面积 1385 平方公里，其中低山、丘陵、岗地面积占 87%，平原面积占 13%，为典型的丘陵地区；耕地面积 88.69 万亩，其中水田占 72.2%，旱地占 27.8%，人均耕地面积 1.42 亩，素有“五山一水四分田”之称。句容市土壤以黄棕壤为主，约占 80%，水稻土约占 15%，其他类型土壤约占 5%。土壤 pH 值 6.5 左右，土壤容重 1.23～1.42 g/cm^3，孔隙度 46.5%，有机质含量 1.58%，全氮含量 0.11%，速效磷含量 12.6 mg/kg，速效钾含量 89.5 mg/kg。土壤环境质量符合有机食品产地环境要求。

（3）水资源。句容市河流分属秦淮河水系、太湖湖西水系和沿江水系，水质良好，水资源丰富。秦淮河水系地处市境北部宁镇山脉南侧和南部茅山山脉西侧，流域面积 951.3 平方公里，占全市总面积的68.97%，主要河道有句容河、南河、中河、北河等；太湖湖西水系地处市境东部，流域面积265.2平方公里，占全市总面积的19.23%，主要河道有洛阳河和糜墅河；沿江水系地处宁镇山脉以北、长江南岸，流域面积162.7平方公里，占全市总面积的11.80%。全市水源充足，水质良好，河道四通八达，可供排灌、养鱼综合利用，鱼、虾、毛蟹、珍珠等水产养殖已形成一定规模。

（4）森林资源。句容是江苏省林业生产重点市，森林面积达40万亩，木材蓄积量80万立方米。用材林有杉、松、棣等，经济林有油桐、板栗、青梅、葡萄、柿、桃等270多种。茶叶、草莓、裘皮、四季鹅是句容的四大特产。茶叶“金山翠芽”“茅山长青”和“宝华玉笋”等皆为中国名茶。“金山翠芽”获国家金奖，被列为全国十大名茶之一。句容已形成葡萄生产基地，“继生”“丁庄”葡萄远近闻名。句容有80多个优质花卉品种，是全国重要的出口花卉生产基地。宝华山植被保存较好（自然保护区2080亩，有“吃不尽的天宁米，烧不尽的华山柴”之说），有124科、352属、525种，宝华玉兰尤为罕见；茅山有中草药750多种，仅《本草纲目》就收录有380多种，如茅苍术、太保黄精、彩色苗木等。

（5）矿产资源。句容境内现已探明的矿藏有20多种。金属矿主要有钼、铜、金、银、铁、铝、锌，非金属矿主要有硫、磷、大理石、石灰石、膨润土、红柱石等。矿床点分布广，储量大，易开采，具有投资少、见效快等特点。其中膨润土矿品位高，储量达1.5亿吨，被列为全国第二大储区。优质石灰石储量达20亿吨，且含钙量高达55%以上。此外，还有储量可观的黄砂、红砂等。

就各个村镇自然地理环境而言，也呈现出不同的地域特色。

（1）下蜀镇。下蜀镇是一座有着1300多年历史的江南古镇，地处宁镇扬板块核心，距南京30多公里，距镇江主城区只有20多公里，水、空、铁、陆交通发达，区位优势突出，一直以来都是苏南沿江区域重要的物资集散中心。水运方面，通过公路直达南京龙潭港、新生圩港及镇江大港这3个大型江海转运枢纽，距离龙潭港仅12公里，拥有句容唯一的3.7公里沿江深水岸线，常年水深12.3米，现正筹建4个5万吨级码头，同时落户企业也可以自建码头，已有台泥、建华、华电等企业建成使用。空运方面，离南京禄口国际机场仅60公里，离上海虹桥国际机场及浦东国际机场280公里。铁路方面，沪宁铁路、京沪高铁、沪宁城际铁路3条铁路穿境而过，其中沪宁铁路在下蜀设有货运站点，沪宁城际铁路在毗邻的宝华镇设有客运站点。公路方面，312国道与沿江一级公路贯穿全镇东西，将下蜀与南京、镇江市区紧密相连。同时句蜀一级公路直通句容，连接104国道，直通杭州，成为向南主干道。纵横交错的江河海、铁公航网络，为下蜀提供了十分快捷的交通条件。下蜀镇全镇总面积122平方公里，有耕地35115亩、林地107780亩，下辖华山、下蜀、祝里、六里、裕课、沙地、桥头、亭子、空青、新村10个行政村和下蜀、桥头2个社区居委会。全镇常住人口3.9万多人，外来从业人员约0.6万人。

（2）宝华镇。宝华镇因宝华山而得名。宝华镇地处句容市西北部，辖7个行政村、2个社区，总人口2.36万人，总面积100平方公里。宝华镇地理位置优越，西距南京市中心23公里，与南京仙林科学城仅一河之隔，东距镇江市区34公里，南距南京禄口国际机场50公里，北距南京龙潭港5公里，312国道、337省道、京沪铁路、沪宁城际铁路穿境而过。宝华文化底蕴深厚，境内有距今约7000年的“丁沙地”文化遗址，有享誉东南亚的佛教名寺宝华山隆昌寺。宝华山面积29.8平方公里，1984年被江苏省设为自然保护区，2003年创成国家AAAA级旅游景区。宝华镇是江苏省人民政府对外开放重点工业卫星镇、镇江市新市镇建设试点镇、句容“五大经济板块”之一。近年来，宝华加快与南京同城同建步伐，不遗余力建设宝华新城，全镇经济社会得到了发展。

（3）边城镇。边城镇2003年6月经江苏省政府批准设立，由句容市原东昌镇、陈武镇合并组建，面积128平方公里，2014年总户数10402户，总人口3.4万人，辖东昌、友谊、衣庄、光明、青山、高仓、桥东、陈武、大华、佴池、双杨、戴村、赵庄、赵村14个村和东昌、陈武2个居委会。边城镇地处沪宁经济走廊，是中国沿海和长江三角洲对外开放的重点区域，南濒道教圣地茅山，北依佛教律宗圣地宝华山；沪宁高速公路、243省道、沪宁城际轻轨穿境而过，交通区位优势十分明显。境内有清新俊秀的高丽山、碧波荡漾的仑山湖、独具特色的江苏农博园、集生态休闲度假旅游为一体的边城国际度假区，生态环境优美怡人。东乡文化历史悠远，蕴藏有亿年鱼化石、千年银杏树、八百年木瓜树等珍贵文化遗产。边城镇资源丰富，属典型的丘陵地区，有20多种已探明的金属矿、非金属矿等矿石资源。三大产业发展协调共进。农业结构调整特色彰显，随着大华高标准良田工程竣工，初步形成小麦、油菜、水稻3个万亩粮油高产方；现代农业观光区以省农林科技示范园为重点，以沪宁高速公路、243省道和边城大道为主线的“一点三线”核心区达1万亩；崇景园林苗木基地、千亩蔬菜基地、绿苑服务中心以及光明河龙世庄园等“十百千万”工程项目加快建设。边城镇工业经济迅猛发展，初步形成了高科技、精细化工、新型材料、机电、轻工、旅游和现代服务业六大主导产业。目前，全镇已有销售收入超20亿元企业1家，超亿元企业5家，工业企业税收总量位列全市第三。高新技术产业产值占比、研发投入占比分别达75%和6%，继续领跑全市。句容路面新材料产业园创成省级科技产业园，边城现代农业观光园完成了2万亩核心区产业布局规划，“三集”园区经济贡献份额占全镇经济总量的70%以上。边城镇第三产业发展有潜力，仑山湖国际度假区初步形成集休闲、度假、美食、文化交流及商贸洽谈于一体的多产业、综合性的休闲度假胜地。作为全国乡村旅游示范点的江苏农博园，创成AAA级旅游景区、全国休闲农业和乡村旅游五星级示范园区，形成了独具特色的农业观光休闲旅游园区。

（4）白兔镇。位于句容市东郊的白兔镇是一座文化名镇，境内古迹众多，唐代大书法家颜真卿长眠于境内的龙山湖畔。因地处句容、丹阳中间，明弘治二年（1489年）设白埠公馆于此，作为来往官员休息之所。清时设白土镇，民国年间谐音称白兔镇。全镇总面积115平方公里，人口4.1万人，耕地面积4512公顷，辖15个行政村、2个居委会，享有“中国草莓之乡”之美誉，创成“全国美人指葡萄”“全国无公害大棚草莓”两个国家级标准化示范区，是“现代农业产业园”和“苏台农业合作创业园”两大省级园区的核心区。这里交通区位优越，122省道、沪蓉高速公路、扬溧高速公路穿境而过，距南京禄口国际机场、龙潭港、镇江大港均在30公里左右。近年来，白兔镇科学、和谐发展，逐步从传统农业大镇向高效、观光农业强镇转变，先后被评为全国环境优美乡镇、江苏省应时鲜果产业基地、江苏省无公害果品产地、江苏省科普示范镇、绿色江苏建设先进镇、江苏省卫生镇和省级特色农业镇。

（5）郭庄镇。郭庄镇位于句容西南部，与南京江宁区、溧水区接壤。2005年由原郭庄镇和葛村镇合并而成，面积117平方公里，下辖18个行政村、2个居委会，总人口约6万人。镇党委下辖63个基层党组织，共有党员2342名。2008年11月，句容市委、市政府在郭庄镇设立句容市空港新区管委会，与郭庄镇合署办公，两块牌子、一套班子。郭庄镇地理位置独特，交通十分便捷，宁杭高速公路、243省道、宁茅路、宁溧路等多条高等级公路穿境而过，镇区距南京禄口国际机场仅12公里，宁杭高铁在境内设有“句容西站”，即将建设的宁沪轻轨也将穿越郭庄。随着苏南现代化示范区建设的推进和宁镇扬同城化发展战略的实施，郭庄的区位和交通优势将更加突出。

（6）后白镇。后白镇属茅山老区乡镇之一，位于句容市城南，由原后白、茅西、三岔、二圣四镇合并而成。相传，明代曾有官员在此建造前后两幢别墅，遂发展成前白墅和后白墅两个村，后白镇便是因后白墅村而得名。后白镇境内总面积为143.28平方公里，耕地面积为7.51万亩，可开发丘陵岗坡地10.2万亩；总人口5.53万人，2.19万户。全镇辖后白、芦江、曹村、淮源、古村、李家桥、夏王、东湾、东风、王庄、延福、西冯、二圣、徐巷、张庙、泗庄、五星、槐道、林梅、西城、长里岗21个村和后白、二圣、王庄、张庙4个居委会，1992年3月12日经省政府批准撤乡建镇，是全国文明镇、江苏省卫生镇、江苏省社会治安综合治理先进镇、江苏省新型示范小城镇、江苏省现代化乡镇、镇江市首个美丽宜居镇。后白镇坐落于道家圣地茅山脚下，属典型的低山丘陵地区。交通阡陌，行足便利，104国道纵横镇境南北，西距南京禄口国际机场28公里，距南京、镇江市区、常州均约60公里。土地肥沃，气候温和，水利条件十分优越，能够旱涝保收。土壤结构良好，黄土层深厚，pH值5.5~6.5，属亚热带季风气候，四季分明，光照充足，规划改造后的塘坝蓄水丰富，灌溉自如。后白镇围绕乡村旅游集聚区建设，积极构建和完善“第一绿道”网络。岩藤农场、圣湖花海、张庙茶艺园、西冯草木园、绿道观赏园、爱家农业园、彩虹亲子园、五星现代农业园、鲁安草药园、蜂文化展览园等十大乡村旅游观光园提档升级，岩藤农场创成省四星级休闲农业与乡村旅游示范点；2000 米湖滨栈道及水上乐园建成使用；江苏韵城文化旅游、兴道谷养生度假、鑫丰生态园、墨洋国际酒庄等旅游项目推进有序。境内有二圣湖，湖心有岛，岛中有潭，水域面积广阔，为江苏省八大人工湖之一。湖中盛产螃蟹、鲢鱼，以无污染、品质好享誉市内外。赤山湖水网密集，水产丰富，适合休闲垂钓，是不可多得的人间胜境。独特的旅游资源吸引着众多人士来二圣观光和考察，近几年每年接待人数都有 2 万余人。

（7）天王镇。天王镇是一个千年古镇，因获御赐金匾的寺庙“天王寺”而得名，位于镇江、南京、常州三市交界处，是句容市南大门。全镇辖 16 个行政村、1 个社区居委会，总人口 5.6 万余人。天王镇土地资源丰富，以丘陵山地为主，全镇耕地总面积 11.5 万亩，其中水田 5.3 万亩，岗坡旱地 6.2 万亩，土壤有机质含量高，另有各类水面 1.2 万亩，大多数水源经检测达国家一类水标准，自然条件优越。境内生态环境保护良好，大片区域仍处于未经开发的原始状态，是苏南地区生态环境最好的区域之一。天王镇常年光照 2018 小时以上，年均降雨量 1768 毫米，年平均气温 15.1 ℃，属典型的亚热带季风气候，四季分明，是全国生态镇。天王镇区位优势明显，宁太高速公路和 340 省道横贯东西，104 国道纵穿南北，宁杭高速公路依境而过，距南京禄口国际机场 29 公里，距国际货运港口南京龙潭港 55 公里，坐落于苏南密集的城市群之中。近年来，天王镇以打造“旅游强镇、商贸重镇、新型城镇”为目标，不断加快转型升级，加速富民强镇。

（8）茅山镇。茅山镇因茅山而得名，为句容古镇，北宋设常宁镇，清代改为乡，1985 年撤乡设镇。茅山地处句容南部旅游板块，地理位置优越，距南京禄口国际机场 30 分钟车程，距上海虹桥国际机场 2 小时车程，距上海浦东国际机场 3 小时车程，距南京、镇江火车站均为 45 公里。沪宁高速公路、宁杭高速公路、扬溧高速公路、104 国道、312 国道环绕周围，道路交通十分便捷。境内主要道路有句茅旅游专线、茅延线、句春路等。1986 年，春城与茅山是两个相邻的乡镇，共有 31 个行政村、1 个居委会（南镇街），130 个村民小组，人口约 5 万人。1999 年 9 月，春城撤乡设镇。2005 年 12 月，春城镇与茅山镇合并为新茅山镇，同时经过多次村组合并形成 14 个行政村、2 个居委会。2007 年，句容市委、市政府为重点打造“五大板块”之中的“南部旅游板块”，又重新进行区划调整，将茅山、夏林、后河、玉晨 4 个行政村及茅山（南镇街）居委会划给茅山风景区管委会托管。同时保留天乐行政村的蔡门村、永兴行政村的原永兴村、前陵行政村的原前陵村，从而形成新的“茅山镇”，下辖 10 个行政村、1 个居委会，面积 81 平方公里，人口 3 万余人。茅山镇有着丰富的旅游资源，紧邻着具有“第一福地、第八洞天”之称的国家 AAAAA 级风景名胜区、道教圣地茅山。目前，该镇创建成全国农旅型示范点 2 个、全国 AAA 级旅游景区 3 个、江苏省乡村旅游四星级示范点 4 个、江苏省旅游四星级示范点 1 个，并被评为“江苏省特色景观旅游名镇”。

1.2.2 句容现代农业发展成效

近年来，句容坚持把保障粮食和重要农副产品安全作为农业现代化的首要任务，强化农业的基础产业地位，提高农业发展质量和竞争力，构建以粮食和重要农副产品生产为基础的多元化现代农业产业体系。大力发展优质粮油、绿色果蔬、特色林木、生态养殖和休闲旅游五大主导产业，围绕绿色稻米、优质葡萄、设施草莓、高档茶叶、优质草坪、精品苗木六大特色农产品推进全产业链融合发展；夯实现代种业、现代农机服务、现代农业烘干冷链物流三大生产性服务业，拓展乡村休闲旅游业、农产品精深加工、乡土文化产业三大现代乡村产业。依托优势资源，打造农业全产业链，把产业链主体向农村伸展，让农民更多分享产业增值收益。

（1）优质粮油产业稳步提升。坚持口粮自给、略有盈余，突出以水稻为重点，以油菜、小麦为补充的优质粮油产业。全市水稻种植面积 33.10 万亩，其中绿优基地面积 25.86 万亩；省级绿色防控示范区 3 个，核心面积 3000 亩，辐射面积 6 万亩。以水稻绿色高质高效创建项目为抓手，截至 2020 年年底，全市水稻优质食味品种应用率达 70%左右。南粳 5055 等优质食味品种先后在省、市好大米评比中获金奖 5 项、银奖 6 项。培育本土稻米品牌 20 个左右，“越光大米”获评苏米十大创优品牌，“句容福米”区域公共品牌逐渐形成。

（2）绿色果蔬产业持续发展。以特色蔬果优势产区为核心，以句容葡萄、草莓等优质鲜果为主导品种，“句容鲜果”品牌逐渐打响。全市葡萄种植面积 5.23 万亩，总产量超 5 万吨，产值超 5 亿元，先后被国家标准化管理委员会认定为“全国早川葡萄标准化生产示范区”“全国美人指葡萄标准化生产示范区”，茅山镇获“中国葡萄之乡”荣誉称号，“中国句容丁庄葡萄节”连续举办 11 届；草莓种植面积 1.33 万亩，年产 2.39 万吨，产值 2.5 亿元，白兔镇凭借草莓产业入选江苏省“农业特色小镇”创建名录，获“中国草莓之乡”称号。

（3）特色林木产业持续提升。以句容林地资源和句容园艺产业基础为依托，推进苗材两用林建设，因地制宜发展林、药、草、茶，荣获“国家林下经济示范基地”“全国重点林木种苗产业示范基地”荣誉称号。苗木种植面积 15 万亩，产值 30 亿元。茶叶种植面积 4.3 万亩，干茶年产量 1000 吨，产值 5 亿元，创成“茅山长青”国家农产品地理标志产品，品牌价值 8.2 亿元。

（4）生态养殖产业科学发展。生猪生产加快恢复，水产养殖面积 5.2 万亩，特种水产养殖面积 4.15 万亩，水产健康养殖比例达 90%。规模畜禽养殖粪污利用率达 98.59%，畜禽规模养殖场治理率已达 100%。成功推广稻鸭稻鳖稻虾共作、稻套绿肥养殖等稻田综合种养、果园立体复合种养、鱼池混养等种养结构。

（5）休闲旅游产业快速发展。依托国家全域旅游示范区创建，主动对接南京都市圈，因地制宜发展休闲农业和乡村旅游，以句容“五星乡村”和“十大农园”建设为重点，形成特色鲜明的高品质乡村旅游服务体系。“好运茅山、葡镇春城、莓好白兔、古韵边城、大美天王、乡约后白”等重点旅游板块“串珠成链”，葡萄小镇、芝樱小镇、伏热花海等农旅融合项目成功推广。休闲农业和乡村旅游观光点带动当地居民增收 50%以上。

1.2.3 句容农业的地域性特征

“十三五”期间，句容市按照乡村振兴战略和农业高质量发展要求，坚持“生态优先，特色发展”，推动产业振兴、人才振兴和生态振兴，加强农业基础设施建设，创新农业发展体制机制，挖掘农业资源潜力，农业发展方式转型加速，农业结构持续向好，增效增收绩效明显。现代农业建设稳步推进，推动农业绿色发展，加大生态保护力度，培养乡村振兴人才，为建设“强富美高”新句容、全面实现乡村振兴打下了坚实基础。

（1）句容农业基本面更稳。2018 年，句容农业生产稳步增长，实现农林牧渔业总产值78.81亿元，同比增长3.2%，增加值51.53亿元，增长1.2%。新认定高标准农田7.72万亩。2019年，句容创成江苏省农产品质量安全示范县，绿色优质农产品占比62%，其中种植业绿色优质农产品占比42%；新增高效设施农业面积499公顷。入选全国农村创新创业典型县，实施乡土人才“双百双兴”工程，返乡创业工作在全国人力资源社会保障工作会议上作经验交流，农民华梦丽被评为“全国农村青年致富带头人”。脱贫攻坚成绩明显，句容全市79个经济薄弱村、6447户建档立卡低收入户全部达标脱贫。2020年，全市农业增加值52.60亿元，占GDP比重达7.78%，是苏南地区农业比重最大的县市，农村人均可支配收入2.57万元，是全国城乡收入差距较小的县市之一；主要农作物水稻和小麦优良品种覆盖率达98%、耕种收综合机械化率达97%，畜禽养殖机械化水平达58%，农产品加工产值与农业总产值比达3.2∶1，畜禽粪污资源化利用率达97.8%，秸秆综合利用率达96.6%，农膜回收率达88.5%。“十三五”期间，累计开展高素质农民培训17000多人次。

（2）句容农业含金量更高。2019年，句容创成全国首批农村产业融合发展示范园、国家电子商务进农村综合示范县，后白镇福源电商创业园创成省级电子商务示范基地。统筹推进“三块地”改革和“两权”抵押贷款试点，成立江苏省农业信贷担保公司句容分公司，天王镇获评全省金融支持乡村振兴试点示范镇。全市农民合作社有1183家，其中列入省级政府优先扶持名录的176家；获省级财政奖补项目的合作社1家、家庭农场19家。截至2021年，句容市先后成功探索出“戴庄经验”“丘陵开发模式”“丁庄范本”“西冯模式”“唐陵路径”等“三农”改革发展模式；先后荣获国家现代农业示范区、国家农业科技示范区核心区、全国主要农作物生产全程机械化示范市、全国农村创新创业典型县、国家农村产业融合发展试点示范县、全国农作物病虫害“绿色防控示范县”、国家农业综合标准化示范区、国家级生态示范区、全国首批全域旅游示范区、中国草莓之乡、中国名茶之乡等荣誉称号；先后创成“茅山长青”“丁庄葡萄”“西冯草坪”“戴庄大米”4个国家地理标志农产品，涌现出“全国脱贫攻坚楷模”赵亚夫、江苏“时代楷模”糜林等先进人物。白兔镇、天王镇分别于2018年、2021年入选国家农业产业强镇示范建设名录。

（3）句容农业科技支撑力度大。全市强化农业科技创新，“一村一所”覆盖率100%，农业主推技术到位率100%，开发“农技耘”地方频道，建成8个省级现代农业产业技术体系示范基地、3个镇江市级“1+1+N”新型农业技术推广基地、6个市级农业科技示范基地，建立5个“农技推广人员创新工作室”。开展粮食生产全程机械化示范市创建，粮食生产全程机械化总水平达89.9%，2019年成为全省粮食生产全程机械化示范市。

（4）句容农业经营体制机制创新活力强。句容市在全镇江范围内率先完成了全市162个村、3589个组所有数据在线提交全国农村集体资产清产核资管理系统工作；完成了全市162个农村集体经济组织登记赋码发证工作。通过产权制度改革，全市共界定农村集体经济组织成员166477户46.55万人，折股量化经营性资产7.61亿元，发放股权证16万余册。全市142个村完成集体产权制度改革任务。开展“两权”抵押贷款试点，制定出台《土地承包经营权抵押贷款管理办法》，发放土地承包经营权抵押贷款790万元。农村产权交易市场做到“应进必进”，市镇两级农村产权交易市场共计完成农村产权交易1529笔，交易金额3.3亿元，交易笔数和金额在镇江各辖市区名列前茅。开设5个农业保险服务网点，累计为56万户次农户提供34亿元风险保障。

（5）句容农业美誉度更优。句容入围2019中国县域旅游竞争力百强县市，入选江苏省首批全域旅游示范区，创成全省首批水生态文明试点城市。天王镇芝樱小镇、粉黛谷多次亮相中央电视台，生态高效农业获得时任省长吴政隆的批示。唐陵村、丁庄村入选农业农村部“千村万寨展新颜”名单。丁庄村入选江苏省乡村振兴典型案例，获评江苏省乡村旅游重点村。另有6个村入选江苏省特色田园乡村建设试点。葡萄节、草莓节、郁金香节等特色乡村旅游节日的举办，极大地拉动了旅游消费市场的增长。句容市成功举办句容马拉松赛、环太湖公路自行车赛等国际性赛事，并成功申办第十九届中国草莓文化旅游节。

（6）句容农业代表性更强。白兔镇紧抓镇江国家农业科技园区实体化运作和国家农业产业强镇、省级现代农业产业示范园区建设，成立草莓研究院和省草莓产业技术创新战略联盟，发展富民产业，助力农民增收。后白镇成立稻米产业研究院和京东智慧农业科技示范基地。郭庄镇“绿色新能源小镇”入选首批全国特色小镇典型案例。茅山风景区如花家庭农场入选全国家庭农场典型案例。宝华镇围绕“宁镇扬一体化发展先行示范区”目标，大力提升城市品位。下蜀镇通过第二批经济发达镇改革省级评估验收。边城镇采用“1+8+N”联席会议机制推进脱贫攻坚，被省扶贫工作领导小组表彰为全省脱贫攻坚先进典型。

1.3 句容涉农产业情况

1.3.1 “一廊一环三区”产业空间格局

长期以来，句容市积极策应江苏省长江经济带综合立体交通运输走廊规划、南京铁路枢纽总体规划，主动做好高铁站点、城市路网内外协同、全面衔接，高标准建设南京东部综合交通枢纽，发挥句容在长三角各大都市圈中的通达优势，培育新的市场主体。句容城市发展目前已形成“一主两副三轴两带”的总体架构。“一主”指中心城区；“两副”指宝华、郭庄两个市域副中心；“三轴”指沿江城镇发展轴、沪宁城镇发展轴、宁杭城镇发展轴；“两带”指沿西部干线打造以“江苏硅谷”为重点的环南京新兴产业经济带、沿东部干线打造以现代农业为基础的产业融合经济带。在此总体架构下，句容市逐渐打造出独具特色的“一廊一环三区”产业空间格局。

一廊，指依托句容东部干线，打造农业科技创新走廊，串联江苏农林职业技术学院、江苏丘陵地区镇江农业科技研究院、江苏茶叶研究所、江苏彩叶苗木研究所、南京农业大学句容草坪研究院、江苏农博园、江苏茶博园等众多农业科技研发和推广机构，进一步引导和推进农业适度规模经营，积极培育发展专业大户、家庭农场、农民合作社、农业产业化龙头企业等新型经营主体，充分整合农业空间、农业园区，构建“众创空间—孵化器—加速器—产业园区”全周期农业科技创新平台，辐射带动边城运动休闲小镇、白兔中国鲜果小镇、茅山葡萄特色小镇、茅管清虚康养小镇、后白草毯绿波小镇以及天王森林文化小镇串联成线。

一环，以“山—河—湖—路”构成“两横两纵、环线放射”的生态骨架，使乡村旅游一环成链。结合乡村旅游得天独厚的水域景观、山体景观、农田景观、林木景观、村落景观以及众多人文、历史文化景观，以“句容福道”为架构，勾勒乡村旅游一环成链。“句容福道”依托于现有的三纵三横的旅游大路网，进行农路路网的细化，串联崇明街道、华阳街道、黄梅街道、茅山风景区、天王镇、后白镇、郭庄镇、白兔镇、茅山镇、下蜀镇、宝华镇、边城镇。以产业融合、全域旅游的思想，构建“一心两带三区”的乡村旅游空间布局。“一心”为市区乡村旅游服务中心，“两带”为中部（边句茅）乡村休闲带和东部（茅白）特色农业旅游带，“三区”为东北部花果农林博览区（主要是白兔镇和边城镇）、中部乡村休闲度假区（主要是茅山镇和后白镇）和西南部农林渔湖及以奥莱商务购物为主题的旅游观光区（主要是赤山湖、郭庄镇和天王镇）。

三区，指将句容乡村空间划分为并行发展的三大区域，即优质水稻区、绿色果蔬区、特色林木区。（1）优质水稻区。优质水稻区为句容农业布局中的最大产区，主要分布在句容南部片区。在天王、后白、郭庄等乡镇呈较为集中分布，包括天王镇的绿色生态稻米产业基地、后白镇的千亩优质稻米产业基地及江苏句容稻米产业园、郭庄镇的优质稻虾—稻鳖综合种养基地等优势产区；在茅山、边城、白兔等乡镇呈相对零散布局。未来优质水稻区将努力打造生态型高标准农田、绿色有机农田以及生态复合种养农田。（2）绿色果蔬区。绿色果蔬区为以白兔镇为核心区域，向南北扩展，包括东部以白兔为主的草莓产区，中部以丁庄为主的果桑和葡萄产区，北部以大卓为主的桃产区，以及南部后白、天王的休闲果园产区，形成以东部、中部、北部三大产区为主，南部产区为辅的产业格局。未来绿色果蔬区将努力打造高标准设施鲜果区、鲜果深度加工区以及果旅融合发展区。（3）特色林木区。特色林木区主要分布在句容南部片区，以天王东部、后白东南部为中心，包括宝华、茅山等乡镇的一部分。其中天王唐陵苗木、后白西冯草坪、宝华乡土树种宝华玉兰、茅山茶叶、天王中医药等精品花木区发展态势良好。未来，精品花木区将努力打造产业深度拓展区、产业品牌推广区以及特色乡土树种培育区。

在“一廊一环三区”产业空间格局下，句容市还着力引导第一、第二、第三产业的布局。具体而言，在第一产业方面，句容市结合种植条件与产业基础，重点打造低丘田园、水网田园农业发展区；全力打造东部干线现代农业示范带，加快推进沿线特色化农业园区建设，积极创建国家现代农业示范区和国家农业科技园区。同时，依托农业园区着重挖掘和培育规划发展村庄，促进集聚集约。在第二产业方面，句容市充分发挥交通区位、产业基础以及平台优势，争创国家级生态工业园区、省级高新技术产业开发区与临港特色制造业基地，重点做大做强中心城镇，引导农民向城镇转移。在第三产业方面，句容市依托宝华山、茅山与赤山湖及其周边生态资源条件，重点发展以道教养生文化为特色的茅山山林田园生态旅游区、以佛教文化为特色的宝华山山林田园生态旅游区、以秦淮水文化为特色的赤山湖—二圣水库湖丘田园生态旅游区。乡村地区结合都市农业和乡村振兴，依托规划发展村庄，积极拓展农业观光休闲、乡村民俗和文化体验、民间工艺研习等旅游产品。

1.3.2 五大主导涉农产业

长期以来，句容市按照培育和打造“一镇一业、一镇一貌、一镇一味”的要求，依托优势资源把产业链主体向农村伸展，围绕有机大米（绿色稻米）、优质葡萄、设施草莓、高档茶叶、优质草坪、精品苗木等特色农产品推进全产业链融合发展，构建起了以粮食和重要农副产品生产为基础的多元化现代农业产业体系，让农民更多分享产业增值收益。目前，句容已形成了优质粮油、绿色果蔬、特色林木、生态养殖和休闲旅游五大主导涉农产业。

（1）在优质粮油产业上，句容市坚持口粮自给、略有盈余，突出以水稻为重点，以油菜、小麦为补充的优质粮油产业，做到稳政策、稳面积、稳产量，推进优质粮食稳产增效。实施“藏粮于地、藏粮于技”战略，以粮食绿色高质高效创建等重点项目为抓手，加强高标准农田及产业化示范基地建设，推进规模化、专业化、标准化、订单化种植。促进良田、良种、良法的有机结合，加快技术集成，引进推广具有优良食味、适宜产业化开发的优质水稻、小麦、油菜等品种。继续推进全国粮食生产全程机械化整体推进示范市建设，深入开展省级水稻绿色高产高效千亩示范片、县级水稻绿色高质高效创建示范方创建。因地制宜开展复合经营，突出抓好稻田综合种养试点，提高建设标准、扩大示范规模，提升稻田综合种养产品质量和效益。积极引导龙头企业、合作社等新型经营主体进行品牌打造，整合后白镇、戴庄村绿色有机稻米品牌，提升“句容大米·后白味稻”“戴庄有机稻米”等区域公共稻米品牌影响力。重点抓好粮油良种“引繁育”工程、农业基础设施标准化工程、粮油生产机械化工程、粮油安全生产与检测体系建设等。到2025年，建成粮油类高质高效示范片7~8个，粮食面积稳定在58.4万亩以上，粮食总产量保持在26.7万吨以上，其中水稻种植面积稳定在36万亩左右，优质食味米覆盖率达到70%。

（2）在绿色果蔬产业上，句容市以特色蔬果优势产区为核心，延续“东果北蔬”格局。以句容葡萄、草莓等优质鲜果为主导品种，引进适宜丘陵地区种植的鲜果品种，重点示范草莓起高垄省力化高产栽培技术、葡萄绿色防控等新技术，全面打响“句容鲜果”品牌。划定蔬菜保供基地保护范围，稳定蔬菜种植面积。大力发展叶菜类地产地销的速生蔬菜；积极开发水生蔬菜，发展食用菌生产。促进“春提早、秋延后”设施蔬菜和春秋露地蔬菜、冬闲地轮作蔬菜生产，提高地产叶菜自给能力。积极引进推广果蔬生产新科技，加大温室大棚、两网一灌、水肥一体化应用等生产设施推广力度，提高园艺机械使用率，提升高效设施农业面积占比。推进绿色防控示范区建设“提质扩面”，突出优质、绿色、节本、高效，推广优质专用品种和新型生物技术产品，加大绿色高效技术模式创新集成推广，突出绿色防控示范，进一步转变病虫防控方式。推行果蔬集约化育苗，在白兔镇等相关优势板块的核心乡镇建设种苗繁育中心，配套农业机械、运输车和检测设备及附属设施。推进白兔草莓产业园等果蔬标准园建设，围绕规模化种植、标准化生产、商品化处理、品牌化销售和产业化经营的“五化”要求，推进生产、加工、包装、流通等各环节标准化。健全全程质量保障体系，加快市镇两级农产品质量安全检测中心建设进程，实现农产品从“农田到市场”的全程质量安全监督检验。完善冷链物流体系，建设重点基地和果蔬批发市场，配套果蔬采后处理加工中心，促进采后蔬菜商品化处理及相关技术培训、应用与推广，建立从产地采收到终端销售的完整冷链系统，支持新建和改建一批市级以上骨干冷链物流中心。创新“互联网+”“文化+”“旅游+”绿色果蔬产业业态，以葡萄特色小镇等果旅项目为依托，促进果蔬产业转型融合。预计到 2025 年，蔬菜播种面积稳定在 10.5 万亩左右，总产值约 17.8 亿元，其中绿色蔬菜产值达到 8.5 亿元，占比 50%以上，果树种植总面积约 12.4 万亩，总产值 13.3 亿元，设施农业面积占比达 23%，创成省级果蔬标准园 10 个，建设绿色防控示范区 30 个。

（3）在特色林木产业上，句容市积极引导“退草还粮”“退苗木还粮”。加快苗木、草坪以及其他经济林木（茶、中草药）的生态种植基地和标准化生产示范基地建设。积极发展精品苗木、乡土特色苗木，加快建设以榉树、樟树、广玉兰、桂花、香樟、高杆女贞等为主的花卉苗木示范区，引导苗木产业提档升级。加快沙坪等耕地节约和保护性技术的研发与应用，大力推广草坪工厂化生产和离地化生产新模式。重点发展绿色或有机茶园生产，开发名优茶产品系列，培育壮大名优茶产业，发展机械采收茶园，推进茶叶标准化生产示范基地建设。推广金蝉花等中药材精细化栽培技术，提高特色食药兼用产品生产基地建设水平。发展经济林果生产种植，拓展休闲采摘和加工服务。预计到2025年，苗木种植面积稳定在15万亩，草坪种植面积稳定在4万亩，茶叶种植面积稳定在5万亩。依托唐陵苗木产业基地建成花木产业科技联盟1个、苗木产业育种研究所1家，建成占地100亩的国家级大型苗木交易市场1个，建成农林产品展销示范区1个，创建国家级苗木经济合作社1家；建设花海路万亩草坪示范带1个；依托林木生产，重点打造特色民宿20栋及农旅项目5个。

（4）在生态养殖产业上，句容市全面推进生态健康养殖模式，促进养殖业发展方式从“数量增长型”向“质量效益型”和“绿色环保型”转变，按照“种养结合、畜地平衡”“以水养鱼、以鱼净水”的原则，优化养殖品种结构，逐步打造和提升生猪、蛋禽、肉禽、山羊、水产养殖等五大养殖产业体系，加快形成养殖业生产、加工和休闲服务业“三业”融合协调发展新格局。采取有效措施积极恢复生猪养殖，稳定生猪等主要畜产品生产能力，以规模化、标准化、智能化、生态化、融合化为发展方向，合理布局禽畜养殖，加快新希望生猪养殖基地和静庆、温氏等禽蛋养殖基地建设，稳定禽畜产品供应安全保障能力。加强重要养殖水域保护，保障渔业生产空间。加强规模化水产苗种繁育场建设。实施池塘生态化改造，养殖尾水处理和循环利用技术装备升级改造。加快无公害水产品、绿色水产品、有机水产品的认证，提高产品市场竞争力，打造千亩连片示范基地，整村推进稻渔综合种养。提升“容甲牌”生态甲鱼等区域公共品牌价值，水产品质量标准体系基本形成，主要产区基本实现标准化生产，品牌建设工作不断加强，健全渔业“三检”体系。预计到2025年，畜禽养殖规模化率和畜禽粪污综合利用率分别达到70%以上和80%以上，生猪年出栏15万头，肉羊年出栏1.5万头；肉禽年出栏维持在1200万羽；规模化蛋禽养殖存栏维持在120万羽，打造后白镇标准化蛋鸡养殖示范镇；猪肉自给率稳定在40%以上，禽肉和禽蛋实现基本自给。水产养殖面积稳定在9.4万亩，产量2.7万吨，其中名特优水产品产量1万吨左右。稻渔综合种养规模达到1万亩。推进生态健康养殖，创建国家健康养殖示范场10家以上。建成镇江市级和句容县级水产苗种繁育场6家。

（5）在休闲旅游产业上，句容市现有6个全国休闲农业与乡村旅游星级示范企业（园区）、14家省级农业产业化龙头企业、2个全国休闲农业精品园区、1个全国十佳农庄，先后培育了天王镇唐陵村、后白镇西冯村、茅山镇丁家边村、白兔镇白兔村等全国“一村一品”示范村6个。这些优质的旅游资源正成为句容经济强劲的增长点。预计到2025年，接待游客数量达到3000万人次以上，旅游总收入突破500亿元，年均增长12%以上，到句容游客人均消费达到1200元以上，过夜游客占比达到55%以上，形成在镇江市甚至江苏省有重要影响力的休闲农业和乡村旅游观光点，带动当地居民增收50%以上。

1.3.3 “一主三辅”产业结构

农业综合体是以农业为主导，融合工业、旅游、创意、地产、会展、博览、文化、商贸、娱乐等三个以上产业的相关产业与支持产业，形成的多功能、复合型、创新性产业结合体。随着农业科技、互联网、物联网等先进技术的广泛使用，农业正快速由传统农业向“创意、时尚、休闲、生态、复合”的现代农业转型，这就要求在保证以基本农产品生产为主导的前提下，还要着力拓展乡村休闲旅游业、农产品精深加工、乡土文化产业三大现代乡村产业的发展，实际上这也是实现一二三产业融合发展的基本要求。

（1）融合提升休闲旅游产业。依托国家全域旅游示范区创建，积极对接南京都市圈，因地制宜发展休闲农业和乡村旅游，以句容“五星乡村”和“十大农园”建设为重点，按照“景城、特色镇、美丽乡村”三个层级布局，全力打造全景化体验、全业化融合、全时化产品、全民化共享的“四全”旅游。加快构建全域旅游体系，推动“好运茅山、葡镇春城、莓好白兔、古韵边城、大美天王、乡约后白”等重点旅游板块“串珠成链”。借鉴葡萄小镇、芝樱小镇、伏热花海等较为成熟的农旅融合项目经验，提升农旅园区品质，打造新一批特色高质的农旅项目，推动茅山镇何庄生态农业示范园及农文旅项目建设。发展家庭农场、现代农（果）场、美丽乡村、农业公园等多样化的农旅模式，加快推进涵田亲子农场、亚夫庄园田园综合体、康缘药香花园、李塔浅水藕园以及地道中医药园区茅苍术基地等一批优质项目建设，不断丰富句容农旅产品，延伸旅游产业链条。

（2）做优做强农产品加工业。进一步优化布局，推动农产品加工业向主产区布局，向镇、村延伸，把更多的加工增值效益留在农村。提升粮油等传统加工业，积极发展主食、休闲食品等新兴加工业，统筹发展农产品产地初加工、精深加工和综合利用加工，开发一批高科技含量、高附加值的农业加工产品。推进农产品多元化开发、多层次利用、多环节增值，鼓励和支持农民合作社、家庭农场等发展农产品产地初加工。引导大型农业企业加快生物、工程、环保、信息等技术集成应用，促进农产品精深加工。鼓励大型农业企业和农产品加工园区推进加工副产物循环利用、全值利用、梯次利用。鼓励发展“中央厨房+”、主食加工、营养餐配置等新型加工业态，支持开展农产品精深加工、营养食品开发、品质控制、冷链物流等关键技术创新和产品开发，提升农产品加工标准化水平。以“句容农品”培育推介为抓手，借鉴“宝山高铁配餐”“利群农业物流”等中央厨房类运营模式开展业态创新。

（3）传承创新乡土文化产业。梳理本地文化，积极挖掘句容文化内核，全面做好非物质文化遗产的挖掘、传承与保护，打造长三角乡土文化魅力高地。围绕秦淮灯彩、二龙戏珠、春城马灯阵舞、张家镗舞等民俗技艺、非物质文化遗产，传承发展传统乡土产业，挖掘乡土产业的产品价值、文化价值、艺术价值。深入挖掘地方传统农耕文化，系统梳理乡村传统工坊、乡村手工业、乡村文化、乡村能工巧匠、乡村车间等，建立乡土产业名录。运用现代信息技术、现代科技、现代设计等手段提升乡土产业形象，开展各种形式的乡土文化展演和文创产品开发，适应现代产业发展趋势，传承传统乡土气息，彰显乡土文化。推进乡土产业进入农业园区、集中居住小区、创新创意园，搭建推介平台载体，让乡土产业焕发新的生机。

第 2 章　句容农业科技现代化现状与问题分析

习近平总书记在党的二十大报告中明确提出，要“全面推进乡村振兴，坚持农业农村优先发展，巩固拓展脱贫攻坚成果，加快建设农业强国，扎实推动乡村产业、人才、文化、生态、组织振兴”。农业是农村的经济基座，农业强则农村兴。发达国家的经验和我国的农业发展实践充分证明，建设农业强国只能走农业现代化道路。农业现代化是指由传统农业转变为现代农业，用现代工业和科学技术创造一个高产、优质、低耗的农业生产体系和合理利用资源又保护环境的、有较高转化效率的农业生态系统，目标是建立发达的农业、建设富庶的农村和创造良好的环境。农业现代化的关键是农业科技现代化，为此，句容多年来大力推进农业科技现代化战略，坚持科技兴农、科技强农和科技富农，推进农业科技自立自强，提高农民科技素质，取得了重大成绩，但在农业机械化、智能化程度以及农业科技成果转化等方面还存在一些不足和短板，需要着力解决。

2.1　句容农业科技现代化建设的现状

党的十八大以来，在党中央的坚强领导下，在广大农业科技工作者的共同努力下，我国农业科技事业取得明显进步，呈现出强劲的发展势头。目前，我国农业科技创新整体水平已经迈入世界第一方阵，在种业自主创新、耕地资源保护、农业绿色发展、农机提档升级等方面都取得了一批有代表性、突破性的重大成果。2020年，我国农业科技进步贡献率达到60.7%，作物良种覆盖率超过96%，品种对单产的贡献率达到45%，主要农作物耕种收机械化水平达到71%，粮食产量连续6年保持在1.3万亿斤以上。可以说，科技已成为我国农业农村经济增长最重要的驱动力，为保障国家粮食安全和重要农产品有效供给、引领产业发展、促进农民增收、保护生态环境做出了重要贡献。①

要想阐明句容农业科技现代化的发展现状，首要的工作是厘清农业科技现代化的本质内涵。笔者以为，农业科技现代化的本质首先在于实现农业与科技的融合，给农业现代化插上科技的翅膀。2013年11月，习近平总书记在山东考察时强调，“要给农业插上科技的翅膀，按照增产增效并重、良种良法配套、农机农艺结合、生产生态协调的原则，促进农业技术集成化、劳动过程机械化、生产经营信息化、安全环保法治化，加快构建适应高产、优质、高效、生态、安全农业发展要求的技术体系”。2017年5月，习近平总书记在致中国农业科学院建院60周年的贺信中指出，“农业现代化关键在科技进步和创新。要立足我国国情，遵循农业科技规律，加快创新步伐，努力抢占世界农业科技竞争制高点，牢牢掌握我国农业科技发展主动权，为我国由农业大国走向农业强国提供坚实科技支撑”。2018年9月，习近平总书记在黑龙江考察时再次强调，“要把发展农业科技放在更加突出的位置，大力推进农业机械化、智能化，给农业现代化插上科技的翅膀”。

其次，农业科技现代化的本质内在地包含着农业科技自主创新意涵。2020年7月22日至24日，习近平总书记在吉林考察时强调，“农业现代化，关键是农业科技现代化。要加强农业与科技

① 常钦：《给农业插上科技的翅膀》，《人民日报》2022年8月24日，第6版。

融合，加强农业科技创新，科研人员要把论文写在大地上，让农民用最好的技术种出最好的粮食”。2021 年 2 月 21 日，中央一号文件《中共中央 国务院关于全面推进乡村振兴加快农业农村现代化的意见》提出，实现乡村振兴和农业现代化必须强化现代农业科技和物质装备支撑。坚持农业科技自主创新，完善农业科技领域基础研究稳定支持机制，深化体制改革，深入开展乡村振兴科技支撑行动。提高农机装备自主研制能力，支持高端智能、丘陵山区农机装备研发制造，加大购置补贴力度，开展农机作业补贴。

再其次，农业科技现代化主体在于农业科技专家和广大农民。早在正定县工作时，习近平总书记就指出，“建设社会主义的现代化大农业，靠什么？很关键的一条就是靠现代科学技术的推广和应用，就是靠掌握这些科学技术的专门人才”。2022 年 6 月 8 日，习近平总书记在四川考察时提出，“推进农业现代化，既要靠农业专家，也要靠广大农民。要加强现代农业科技推广应用和技术培训，把种粮大户组织起来，积极发展绿色农业、生态农业、高效农业。我们有信心、有底气把中国人的饭碗牢牢端在自己手中”。可见，农业科技现代化是一个由诸多主体参与的功能耦合和协同创新过程。各地布局农业科技现代化的蓝图中，一批批农业专业大学生走进泥土里，成为种地的生力军，在与积累数十年传统农耕经验的老把式的碰撞中，激发农业迈向高质量发展。

最后，农业科技现代化要解决现阶段重大农业问题，发展绿色农业、生态农业和高效农业。《农业农村部办公厅关于开展全国农业科技现代化先行县共建工作的通知》（农办科〔2021〕10 号）中指出，以习近平新时代中国特色社会主义思想为指导，立足新发展阶段，贯彻新发展理念，构建新发展格局，大力推进实施乡村振兴战略和创新驱动发展战略，组织全国农业科教环能系统力量，聚焦县域农业农村发展实际需求，引导科技、人才、资本、信息等要素向县域集聚，激发县域经济活力，推动品种培优、品质提升、品牌打造和标准化生产，促进农业绿色转型和高质量发展，保障国家粮食安全和重要农副产品有效供给，因地制宜共建一批产业科技化、人才专业化、生态绿色化的农业科技现代化先行县，引领全国乡村振兴和农业农村现代化。由此可见，农业科技现代化不仅仅是农业科技要素的集聚，更重要的是科技和农业的集合，推动品种的培优和品牌的打造。我国农业科技现代化稳步推进、粮食综合生产能力稳步提升，是端牢中国人饭碗的底气所在。习近平总书记在给种粮大户徐淙祥的回信中指出，希望种粮大户发挥规模经营优势，积极应用现代农业科技，带动广大小农户多种粮、种好粮，一起为国家粮食安全贡献力量。在上海工作期间，习近平总书记提出，要依托大都市的综合优势，坚持农业的科技化、集约化发展，大力发展现代、生态、高效、特色农业，全面提升农业的经济功能、生态功能和服务功能。总而言之，农业科技现代化是一个系统的工程。

2.1.1 农业科技现代化综合基础扎实

根据农业科技现代化的内涵和本质，句容农业科技现代化工作交出了一份厚重亮眼、百姓满意的成绩单。句容成为全省首批农业农村现代化创建示范县，位列全国乡村振兴百佳示范县第5位，全省乡村振兴实绩考核位列76个县（市、区）第5位、第一等次（镇江唯一），农业农村局农业技术推广研究员阮祥忠同志获“全国脱贫攻坚先进个人”称号。具体而言，句容农业科技现代化取得的成绩表现在以下方面。

一是农业特色明显，为农业科技现代化打下扎实基础。句容全市粮食年产量超过25万吨，应时鲜果、茶叶等特色农产品以高端品质抢滩高端市场形成高端效益。全市水稻种植面积 33. 10 万亩，其中绿优基地面积 25. 86 万亩；省级绿色防控示范区 3 个，核心面积 3000 亩，辐射面积 6 万亩。截至 2020 年年底，全市水稻优质食味品种应用率达 70%左右。南粳 5055 等优质食味品种先后在省、市好大米评比中获金奖 5 项、银奖 6 项。培育本土稻米品牌 20 个左右，“越光大米” 获评苏米十大创优品牌，“句容福米” 区域公共品牌逐渐形成。以特色蔬果优势产区为核心，以句容葡萄、草莓等优质鲜果为主导品种，“句容鲜果” 品牌逐渐打响。全市葡萄种植面积 5. 23 万亩，总产量超 5 万吨，产值超 5 亿元，先后被国家标准化管理委员会认定为“全国早川葡萄标准化生产示范区”“全国美人指葡萄标准化生产示范区”，茅山镇获“中国葡萄之乡”荣誉称号，“中国句容丁庄葡萄节” 连续举办 11 届；草莓种植面积 1. 33 万亩，年产 2. 39 万吨，产值 2. 5 亿元，白兔镇凭借草莓产业入选江苏省“农业特色小镇”创建名录，获“中国草莓之乡”称号。通过“生态农业”“263 行动”“生态循环农业”等工作，全市农业面源污染治理取得显著成效，拥有有机、无公害、绿色食品总数 203 个，建成省级绿色优质农产品基地 3 个，创成地理标志产品 2 个（茅山长青、丁庄葡萄）。

二是聚焦农民富，实现农民全面发展。句容地处茅山老区，脱贫攻坚任务重、责任大，是“三农”工作的头等大事。2020 年，全市农村居民人均可支配收入历史性超过 2. 5 万元，同比增长 6%，连续多年增速高于城镇居民收入。全市 79 个经济薄弱村、6447 户建档立卡低收入户 12098 人，均已顺利通过考核验收，全部达到脱贫标准，标志着句容决战脱贫攻坚取得了决定性胜利。全市建档立卡户农村危房改造总户数 135 户全部改造完成。43 个省定重点村的富民强村项目，已全部完工并通过省级验收，达标率和资金下拨率都达100%。出台了《句容市加强低收入群体健康扶贫意见》，针对全市低保人员、城市三无人员等9类人群，由财政保障，医疗费用报结率平均达到90%，特别困难群体达到100%，年度封顶线由1万元提高到7.5万元。全市共有近700户贫困户利用光伏项目获得了稳定的收益，其中229户贫困残疾人家庭光伏扶贫项目户均年收益超过3000元。新型主体愈加壮大。每年开展新型职业农民培训5000多人次，新型职业农民培育程度达55%。连续举办3届"十佳新型职业农民"评选大赛，评选出30位"十佳新型职业农民"，每人给予10万元奖励。一批青年乡土人才脱颖而出，很多大学生、研究生到句容创新创业。目前，由青年农民创立的各类农业新型经营主体已达3000多个，年销售农产品总额达到8亿元。积极开展土地股份合作社等改革试点，推动"资源变资产、资金变股金、农民变股东"，让农民在产业发展的全链条有了更多的获得感。

三是聚焦农村美，实现农村全面进步。句容深入推进农村人居环境专项整治和"513"公共空间治理，累计建成农村"四好公路"300多公里，累计建成省级特色田园乡村5个，陈庄村、青山村、西冯村等成为"望山见水忆乡愁"的好去处。农村人居环境显著改善，全市所有行政村、自然村全部完成村庄整治任务；完成4500座农村卫生户厕无害化改造，覆盖率超过98%；实现行政村生活垃圾收运处置体系覆盖率达100%，共清理农村生活垃圾13.38万吨。注重抓好村庄出入口、主干街道改造和村室、便民服务中心、文化广场等公共场所建设，方便群众生产生活，提升村庄整体形象。统筹推进美丽乡村示范村、宜居村、特色田园乡村建设，成功申报或在建镇江市级特色田园乡村3个、省级特色田园乡村4个，创成水美乡镇1个、水美乡村9个，丁庄、唐陵入选农业农村部“千村万寨展新颜”名单。水利基础设施全面巩固，累计完成水利工程总投资约23.85亿元，实施了赤山湖地区蓄滞洪能力提升工程、肖杆河综合整治工程等一批重点水利工程。2019年句容战胜了60年一遇的旱情，2020年成功经受住长江历史上第二大洪峰流量的考验，成功实现了大旱大汛之年无大灾。康缘中医药文化产业园项目顺利推进，景区游客中心建设完成。“天下玫景”玫瑰园开园，茅山洲际假日度假酒店、道温泉酒店正式运营。白兔草莓节、丁庄葡萄节、天王樱花节、后白郁金香节、宝华山品茶节等节庆活动成功举办，各有特色，句容福道、生态陈庄等成为新的“网红打卡地”，句容旅游进入2020年全国县域旅游综合实力20强。深入开展新时代文明实践，“葡萄架下的文明实践”获评全国学雷锋志愿服务“四个100”最佳项目；全面实施“双抢”工程，秦淮灯彩、张家镗舞等一批非物质文化遗产得到挖掘、传承，农民精神面貌、思想观念、文化素质明显提升。

四是经验典型的示范更加突出。句容充分发挥党建引领，持续用好深化改革这个法宝，创造了一系列经验典型。以“戴庄经验”为代表的生态农业发展模式受到省委、省政府的高度评价，并在全省作学习推广。习近平总书记亲自为“全国脱贫攻坚楷模”荣誉称号获得者赵亚夫颁奖，并殷切嘱托“把成绩写在大地上”；糜林、阮祥忠等的先进事迹感动人心，茅山何庄乡村振兴试点效应逐步彰显。①聚焦基层组织建设、科技惠农服务、绿色生态发展等，重点推广戴庄“党支部+合作社”运作、“六个统一”

① 习近平总书记亲自为“全国脱贫攻坚楷模”荣誉称号获得者赵亚夫颁奖，市农业农村局阮祥忠同志也获得“全国脱贫攻坚先进个人”荣誉称号。这些成绩和荣誉来之不易，不仅是两位获奖同志个人的光荣，也凝聚着全市“三农”工作者的努力与汗水，是句容市人民的骄傲。

生产、“利润三次分配”经验，成立戴庄有机农业专业合作社，构建农村村级组织与专业合作社合二为一的模式，为农户提供产前、产中、产后统一服务，并把加工销售环节的利润留给农民，用提留的公积金为村民办事，建立了成员收益保底、二次返利、按股分红以及劳务工资、绩效奖金等多元利益分配机制。戴庄全村务农村民都加入了合作社，随着合作社一二三产业融合发展的深入，社员收入稳定增长，集体经济实力持续增强。通过“戴庄经验”的引领，带动农户发展绿色生态稻米产业，随着稻米生态循环种养模式的推广，带动农户发展稻虾共作、稻鸭共作、稻蛙共作、稻田绿肥鹅（羊）等多种生态循环种养模式，同时创新了“龙头企业+合作社+农户”的带动模式，发挥龙头企业的深加工优势、合作社的组织销售优势、农户种植生产成本低的优势，全面推动绿色稻米产业高质高效发展。句容结合省级、镇江市级生态循环农业试点村创建，横向扩大推广村覆盖面，纵向将模式向成熟片区推广，打造一批推广“戴庄经验”样板示范村、示范镇。2021 年，句容建设了 4 个镇江市级生态循环农业示范村，并支持建设白兔镇草莓联社、天王镇戴庄有机大米联社。

另外，句容市委、市政府充分发挥改革创新的引擎作用，最大限度释放改革的综合效应，全面完成农村集体产权制度改革，完成集体经济组织登记赋码发证，稳妥开展农村闲置宅基地和闲置住宅盘活利用，为农业科技现代化奠定了坚实的基础。

2.1.2 农业科技现代化工作稳步推进

近年来，句容市以科技创新驱动战略为引领，以市场需求和地域特色为导向，坚持规划统筹、产业支撑、乡村治理、人才保障，全力打造全产业链、全绿色化、深融合度、高附加值、强竞争力的农业产业，不断促进农业高质高效、农民富裕富足、农村治理有效、乡村宜居宜业。除“戴庄经验”外，句容先后成功探索出“丘陵开发模式”“丁庄范本”“西冯模式”“唐陵路径”等其他“三农”改革发展模式；先后荣获国家现代农业示范区、国家农业科技示范区核心区、全国主要农作物生产全程机械化示范市、全国农村创新创业典型县、国家农村产业融合发展试点示范县、全国农作物病虫害“绿色防控示范县”、国家农业综合标准化示范区、国家级生态示范区、全国首批全域旅游示范区、中国草莓之乡、中国名茶之乡等荣誉称号；先后创成“茅山长青”“丁庄葡萄”“西冯草坪”“戴庄大米”4个国家地理标志农产品，涌现出“全国脱贫攻坚楷模”赵亚夫、江苏“时代楷模”糜林等先进人物。白兔镇、天王镇分别于2018年和2021年入选国家农业产业强镇示范建设名录，农业科技现代化工作稳步推进。

一是开展丘陵地区农业生产机械化、智能化科技短板攻关。首先，提升粮食生产全程机械化与智能化水平。江苏大学亚夫智能农机创新服务团为句容市戴庄村定制了低碾压率再生稻联合收割机，与传统收割机相比，对稻田的碾压率降低到了20%以下，压的力量轻，面积也小，最高可提高再生稻产量25%左右。2022年6月，江苏大学农业工程学院相关教师赴句容基地调研大豆玉米带状复合种植情况，试验专用植保机具。目前，正在申报镇江市农业科技推广项目“大豆玉米带状复合种植全程机械化技术集成与推广”项目。其次，推进茶叶生产全程机械化与智能化。2022年1月12日，江苏大学联合农业农村部南京农业机械化研究所、江苏农林职业技术学院、镇江市农业科学院、江苏悦达集团等组建跨单位、跨学科专家服务团队，召开了智能茶场方案论证会；1月21日，江苏大学丘陵地区特色农机团队调研了句容茶博园、茅山茶场，并就茶园布局改造、栽培模式改良、配套设施完善等问题进行了交流；3 月 10 日、5 月 27 日，江苏大学研究团队在茅山茶场对管道动态监测进行了实地考察，利用无人机遥感技术对茶园进行了数据采集，同时进行了水肥一体化喷灌系统的喷管加装电磁阀实验。目前，茅山茶场智能化项目已被列入句容市政府年度重点工作，项目实施方案已拟定完毕，并通过了专家论证。再其次，推广应时鲜果生产机械化技术与装备。2022 年 3 月 10 日、5 月 21 日、6 月 10 日，江苏大学丘陵地区特色农机团队实地调研了句容市东篱家庭农场、天王镇老曹家庭农场，主要调研猕猴桃和茄果类蔬菜采摘装备研发情况；江苏大学节水灌溉团队研究成果“丘陵山区果蔬茶灌溉装备关键技术与应用”在句容市得到广泛推广应用，促进了当地葡萄、草莓、茶叶产业的健康发展，经济效益显著。

二是探索数字引领，建立智慧农业试验区。首先，应用数字化农业装备，建设智慧农业示范区。江苏大学指导句容市后白良种场智慧农场项目，在句容市后白镇延福村、金山村等地开展宜机化高标准农田、农情感知系统、智能农机选购、农产品加工基础、智慧管控平台建设技术指导与共建。其次，整合现有数字化资源，打造农业大数据平台。突出行业管理服务的数字化、信息化，积极融入江苏省农业农村大数据系统，助推“互联网+农业”创新融合发展，大力推动“苏农云”底层软件平台建设及应用，形成“三农”数据一张网，培育一批数字乡村建设优秀典型。再其次，推进农村电子商务系统发展。以创建全国电子商务进农村综合示范县为抓手，升级改造电子商务物流中心、完善乡村快递服务站点，完善支撑电子商务发展的公共服务体系，打通电子商务进农村的“最后一公里”。目前，句容市已逐步形成了以区域公共品牌“句品划算”为载体，以鲜果、茶叶、稻米等农产品为特色，以梳子、纸巾、手工零食、酒类饮品等工业品为支撑，以民宿、红色旅游、文化创意等旅游餐饮为亮点的电商格局。

三是促进农产品加工业提质增效。首先，出台《关于落实产业强市“一号战略”做好2022年全面推进乡村振兴的实施意见》，组织编制、审核《句容市“十四五”农业农村发展规划》等重要文稿，为全市“三农”各项工作提供政策依据和理论支撑。其次，打造天王省级农业产业强镇。结合全市发展规划和绿色稻米产业发展需求，合理布局稻米原料基地和加工业，初步形成一轴、两中心、四区的产业发展格局。一轴即沿福道至戴庄的稻米主导产业发展轴，两中心即稻米产业的酒产品深加工中心和酱醋产品深加工中心，四区即亚夫创客区、良种繁育区、健康水稻种植区、戴庄有机水稻种植区。绿色优质水稻基地采取“水稻+”模式，深入挖掘稻米生产的安全、生态、文化、教育等功能，做强做大做优天王镇有机大米产业。再其次，扶持发展蔬菜产地初加工，支持规模生产基地开展分级、净菜加工、包装、冷藏、保鲜等处理，优化配置农产品田头预冷、冷藏保鲜、加工包装、冷链物流等设施，完成11家2021年农产品产地冷藏保鲜设施项目的实施。

四是加强政产学研联合协作，健全科技服务体系。首先，启动省级农业现代化先行区建设工作。以“六化六强”为重点建设任务，推进省级农业现代化先行区建设，按照建设方案，做好动态指标监测、建设任务落地、重大需求调度，积极申报国家农业现代化示范区。开展江苏省句容现代农业产业示范园创建，做好公共服务平台及其配套基础设施建设，推进示范园公共服务能力提升，2021年5月底通过省级认定。其次，实施“探索全域开展农产品质量安全追溯机制”改革。以白兔镇域内为重点，探索

"农安追溯+信息化、农安追溯+成果应用、农安追溯+保险服务保障"机制，实施省级第四轮农村改革试验区建设。新建村级工作站 37 家，评定追溯示范基地 60 家，规模农产品生产主体可追溯率达 85%以上，在 5 个镇试点推进胶体金免疫快检技术，白兔镇创成省级五星级农产品质量监管机构。再其次，推进农业科技示范基地建设。江苏大学参与实施的 3 个江苏省农业产业体系（葡萄、蛋鸡等）综合与推广基地项目基本完工，并已通过体系考核，上半年新增玉米与青虾省级产业体系基地 2 个，正在实施 6 个句容市农业科技示范基地建设项目、3 个镇江市农业科技示范推广"1+1+N"项目。

五是加快培育新型农业经营主体。首先，完善新型农业经营主体培育体系，规范发展政策性农业保险，加强农业保险知识宣传，丰富农业保险产品，助推"乐农保"组合保险开发等工作有序开展。开办小麦完全成本保险。小麦规模种植户可选择完全成本保险，保额由 550 元/亩提升至 1000 元/亩，可大大提升种植户的自然风险抵抗能力，进一步保障粮食生产安全。2022 年 6 月，句容签出镇江市首单"大豆玉米带状复合种植保险"，切实提高了种植户生产经营的风险抵御能力。2022 年上半年，"整村授信"新增授信户数 13483 户，金额 41. 73 亿元；新增有效授信户数 8392 户，金额 18. 51 亿元；新增用信户数 1148 户，金额 1. 42 亿元。其次，加快培育发展家庭农场。加强新型农业经营主体培育，申报省级示范家庭农场 8 家、镇江市级示范家庭农场 27 家；申报省级社会化服务典型案例和家庭农场典型案例各 3 家。大力宣传推广家庭农场随手记 APP，方便农场主随时电子记账，在建设 20 家省级家庭农场高质量发展项目。开展绿色食品、有机食品认证 2 万亩，在天王、后白、茅山、白兔等农业大镇，重点培育出一批“土字号”“乡字号”特色乡土品牌，成功组织“丁庄葡萄”“福地好味稻”两个品牌申报农业农村部品牌创新发展典型案例，组织句容白兔草莓申报江苏省农产品特色优势区。再其次，培育农业产业化联合体。横向促进各类新型农业经营主体建立产业联社，引导抱团发展、组团突破，重点推广村党支部领办合作社，发展同业、同域、同链的合作联社，申报国家级示范社4家，扶持4家农民专业合作社开展能力提升建设。

六是开展生态环保技术革新，打造宜居乡村。首先，加强农业污染防控和治理，推进化肥、农药减量增效，着力提升规模养殖场粪污处理设施装备配套率，加强水产养殖污染源头防治、尾水达标排放和水生态保护。开展5个绿色防控示范区建设，不断提高主要农作物绿色防控覆盖率、专业化统防统治覆盖率，预计2022年农药施用量较2020年减少1%左右、化肥施用量较2020年减少1%左右、秸秆综合利用率稳定在96%以上，废旧农膜回收率达到91.6%，规模养殖场畜禽粪污资源化利用率达到97.81%以上，推广水产健康养殖技术3万亩。其次，加强农村人居环境综合整治。以“四清一治一改”“四个专项行动”为主线，持续深入开展村庄清洁行动，打好夏季战役，提升农村人居环境质量。坚持“干净、整洁、有序”的标准，通过明确工作重点、引导人人参与、抓好示范引导、强化督查考核等措施，紧紧围绕“有制度、有标准、有队伍、有经费、有督查、有问责”的要求，进一步完善管护机制，推动村庄清洁行动常态化、制度化、持续化。再其次，推进美丽乡村、特色田园乡村建设。推荐西冯村、玉晨村申报2022年中国美丽休闲乡村，积极申报乡村休闲旅游农业特色模式2家、乡村休闲运动基地3家。评定四星级农家乐10家、三星级农家乐15家、二星级农家乐21家，四星级采摘园10家、三星级采摘园 15 家、二星级采摘园 19 家、一星级采摘园 7 家。

七是立足经济发展需求，培养农业科技创新创业人才。首先，培育高素质人才队伍。句容是传统的农业大市，在传承农耕文化的同时，注重营造重农强农的浓厚氛围，凝聚支农爱农的后备力量。句容抓住高素质农民教育培训这个关键，联合江苏大学、江苏农林职业技术学院、镇江市农业科学院形成了“一校两院”的组合，成功创成江苏省乡村振兴人才培养优质校，创新“链”式培育方式，在做长“培训链”、做实“保障链”、做优“评价链”上下功夫，留住人、增能人、育新人，培养造就了一支“懂农业、爱农村、爱农民”的农业科技创新创业人才队伍。2022 年 4 月 8 日，江苏大学与镇江市草莓协会签订“江苏大学实践教学基地”协议，进一步深化校地合作，让江苏大学把句容作为教学实训的大课堂和产教融合的示范地；5 月，句容 3 个乡土人才大师工作室被评为省级乡土人才大师工作室。其次，积极打造政产学研特色化合作平台，积极组建句容市江苏大学丘陵地区农业机械化研究院、江苏大学农业农村现代化研究院等集科技研发、技术展示、成果转化等功能于一体的产业研究院，目前已基本达到名称、资金、人员、地点等研究院注册必备条件。建成江苏乡村振兴研究院，组建了江苏大学和句容本地智慧农业、特色农机、继续教育、生态农业等 7 个专家服务团队，为句容乡村振兴群策群力，提供智力保障。再其次，突出科技创新示范点打造。先后开展茶博园、火龙果产业研究院、丁庄合作联社、何庄乡村振兴示范点、后白草坪研究院、后白稻米研究院、后白丰之源梨园、白兔徐村草莓示范基地、白兔致富果业、华阳奇果园、天王唐陵木易园、戴庄有机农业园等系列示范展示基地建设，融入了更多江苏大学的元素。

八是推广“戴庄经验”，推进生态循环农业发展。首先，坚持党建引领，让“两山理论”落地生根。句容聚焦基层组织建设、科技惠农服务等，积极推广“党支部+合作社”模式、“六个统一”生产、利润三次分配经验，建立了合作组织有党在、增收致富有“头雁”、技术培训有专家、田间地头有青年的党建引领农业发展机制。以“亚夫团队工作室”为抓手，句容在生态农业新技术推广、农业经营新模式推广、农业乡土人才队伍建设、农业生态系统修复与建设等领域，对促进句容农业农村产业发展、带动群众致富、带领技艺传承等方面发挥了重要作用。建起了一支2100余人的乡土人才队伍，其中全国劳模4人、国家级非遗传承人2人、省“三带”人才20人。2022年，句容出台《关于加快推进乡村人才振兴的实施意见》，力争用3年时间，培育乡村产业振兴带头人“头雁”人才30名、“兴农科研英才、发展经营标兵、富民技术能手”人才100名。其次，推广生物多样性农业，走绿色发展道路。江苏省政府先后3次发文要求在全省推广“戴庄经验”，将发展生态农业作为推动绿色兴农、促进乡村振兴的重要措施。2022年3月至5月，江苏乡村振兴研究院院长赵亚夫多次到解塘村、大华村、徐巷村、天王村、戴庄村、墓东村进行培育生物多样性、持续修复生态、水稻绿色生态种植示范调研活动。4月底，句容市第一批越光水稻在戴庄村赶早插秧，通过成熟运用早稻的“再生稻”技术，大幅提高水稻产量。5月22日，全国第一届农业生物多样性培育与利用论坛在句容举行，论坛吸引了众多国内外农业生物多样性培育与利用领域的专家、学者，传递了赵亚夫“期以自然之道，养万物之生，从保护自然中寻找发展机遇，实现生态环境保护和经济高质量发展双赢”的理念。

2.2 句容农业科技现代化建设存在的问题

在肯定成绩的同时，也要看到，句容经济社会发展还面临一些困难和挑战。《国务院关于印发“十四五”推进农业农村现代化规划的通知》（国发〔2021〕25号）指出，当前和今后一个时期，国内外环境发生深刻复杂变化，我国农业农村发展仍面临不少矛盾和挑战。农业基础依然薄弱。耕地质量退化面积较大，育种科技创新能力不足，抗风险能力较弱。资源环境刚性约束趋紧，农业面源污染仍然突出。转变农业发展方式任务繁重，农村一二三产业融合发展水平不高，农业质量效益和竞争力不强。在一定意义上，国务院《“十四五”推进农业农村现代化规划》指出的问题在句容也存在，主要是实体经济发展仍然不够充分，制造业基础薄弱是最大短板，农文旅融合还有待深入挖掘；对标人民群众对美好生活的向往，在创造高品质生活、实施高效能治理上尚需持续发力；对照统筹发展和安全的要求，部分领域一些风险隐患还需前瞻应对、精准化解；政府部门的法治意识、服务意识还需增强。这些问题的存在和科技创新能力有待进一步提高有很大关系。

未来，句容需要实施农产品加工提升行动，提升适用于句容特色农产品的分拣、清洗、保鲜和烘干等通用型加工装备水平，引导大型农业企业加快生物、工程、环保、信息等技术集成应用，推广信息化、智能化、工程化装备。比如，进一步提升茶叶加工环节的机械化、智能化水平，减轻人工劳动强度，提高制茶效率和茶叶品质；推进句容特色鲜食水果清洗、分拣、保鲜等加工过程机械化、智能化；提升句容特色林下经济作物的生产加工技术，提高产品附加值，拓宽农民增收渠道；优化粮食谷物烘干工艺，降低粮食谷物爆腰率，提升粮食谷物品质。

2.2.1 农业机械化水平有待提高

2021年，句容农业科技现代化先行示范县建设获得省厅批复，首个“全程机械化+综合农事”服务中心——句容市强民“全程机械化+综合农事”服务中心成功入选全国典型案例。句容围绕实施农机“两大行动”，推动全程全面机械化创建，加快农机新装备新技术推广和农机服务体系建设。目前，拖拉机和联合收割机年检率都达86%以上，居镇江市首位。尽管取得了一定的成绩，但与其他辖市区相比，句容市丘陵面积占比高，农业生产面临诸多先天不利因素，茶叶、葡萄、草莓等特色经济作物生产机械化程度相对较低，制约句容农业产业高效发展。

一是农产品精深加工产业链条短、装备缺乏。因此，要加强农业机械化高质量发展，提升主要农作物生产全程机械化水平。句容深入贯彻落实国务院42号、省政府46号以及镇江市出台的《关于加快推进农业机械化和农机装备产业转型升级的实施意见》等文件精神，出台《句容市农业机械化和农机装备产业转型升级的实施意见》，着力推动农业机械化转型升级高质量发展。在创建“全国主要农作物生产全程机械化示范市”的基础上，总结经验，继续补短板、强弱项，着力提升种植、收获环节机械化水平。目前，句容实力强、带动力大的知名农产品加工企业较少，区域内农产品精深加工水平不高，主要以初级产品或初加工产品进行交易，急需发掘优势农产品的市场价值；品牌建设取得了一定成绩，但发展空间仍需拓展。近年来，虽然句容农产品精深加工发展迅速，农产品加工产值与农业总产值比达3.2∶1，但由于发展时间短，精深加工产业链条短、装备缺乏，创新发展能力不足，生物质资源利用率低。未来，句容要加强下列工作：（1）优化农业产业结构。推动农产品精深加工与初加工、综合利用加工协调发展，与专用原料生产、仓储物流、市场消费等上下游产业有机衔接，与营养健康、休闲旅游、教育文化、健康养生和电子商务等产业有机结合、深度融合。开发果品、蔬菜、茶叶、菌类、中药材、畜产品和水产品等营养功能成分提取技术，以满足需求为导向，开发营养均衡、养生保健、食药同源的加工食品和质优价廉、物美实用的非食用加工产品。完善农产品仓储物流和应急供应体系。（2）健全农产品品牌体系。构建以“三品一标”为基础、企业品牌为主体、区域公共品牌为龙头的品牌体系，加强质量把控和包装营销，做好市场推广，打造句容优质农产品整体品牌。（3）实施农产品精深加工提升行动，加大生物、工程、环保、信息等技术集成应用力度，开发新型非热加工、新型杀菌、高效分离、节能干燥、清洁生产等技术，研制农产品精深加工信息化、智能化、工程化装备，攻克农产品精深加工关键共性技术难题，提高关键技术装备水平。采取先进的提取、分离与制备技术，推进秸秆、稻壳米糠、麦麸、油料饼粕、果蔬皮渣等副产物综合利用，开发新能源、新材料、新产品等。

二是丘陵地区特色作物全程机械化生产关键技术与装备缺乏。针对丘陵地区茶叶、稻米、应时鲜果等作物生产过程中“无机可用”和“无好机可用”的问题，未来要研发推广丘陵地区特色作物全程机械化生产关键技术与装备及特色经济作物全程机械化生产智慧管控系统。广大丘陵山区是我国重要的瓜果、油料和蔗糖等生产基地，国家脱贫攻坚任务最为艰巨的农业行业“连片特困地区”也大多位于丘陵山区，例如在贵州、云南等西南地区，丘陵山地面积占比在90%以上，农业生产的机械化和设施配套水平远远落后于平原大田作物生产。丘陵山区果园全程机械化与智慧管控系统是一个农机农艺高度融合的系统，其涵盖了土地改造、设施建造、机械化生产、水土保护、环境保护、病虫害监测和农业大数据等领域，可为丘陵山区果园的全程机械化生产和高效管理提供系统化的解决方案。破解丘陵山区果园生产的全程机械化和智慧管控问题，不仅可以解决丘陵山区农业生产模式落后、生产效率低、抗风险能力弱和受环境制约等难题，为广大山区特色经济作物的机械化、智能化高效生产提供先进解决方案，还能为我国乡村振兴和农村产业振兴事业的发展提供重要推动力。句容未来要做好以下几方面的工作：（1）探索农机农艺高度融合的宜机化土地改造技术方案。宜机化改造是实现全程机械化和高效种植的基础，以农机农艺融合为指导原则，如何针对地域环境、作物类型和栽培模式的差异，探索和总结丘陵山区果园平整地、缓坡和梯台等不同模式的宜机化改造方案，是实现全程机械化生产和智慧管控系统建设的基础卡点问题。（2）开发丘陵山区果园全程机械化生产关键技术与装备。丘陵山区农业生产普遍存在水资源短缺、地形地貌复杂和机械作业空间狭小等问题，以全程机械化高效生产为目标，如何开发机械化生产关键技术和系列化装备，实现水资源的高效利用和生产效率的极大提高，是实现丘陵山区果园全程机械化生产的核心卡点问题。（3）开展丘陵山区果园智慧管控技术和系统研究。如何充分利用土壤、水、作物和环境协同感知，以及物联网和大数据等先进技术，构建环境、作物和病虫草害监控模型与决策数据库，实现丘陵山区果园水土信息、病虫草害和作物状态的预测与管控，是实现丘陵山区果园从传统人工管理到智慧管控的关键卡点问题，也是丘陵地区智慧果园建设的核心技术。（4）打造丘陵地区特色（林果茶）农机示范点，推动特色农业机械化补短板。加大特色主导产业、主要品种薄弱环节机具引进力度，推广适应丘陵作业以及适应特色作物生产需要的高效专用农机。引导各镇（街道、园区）结合当地特色主导产业，建设具有较高水平的特色农业机械化示范基地。充分发挥农机推广项目、农机购置补贴等扶持政策的引导作用，以符合本地农业特色（林果茶）的新型农机具为重点，因地制宜，着力推广高效果园农业机械、高效茶叶田间管理和制作等先进适用的农机新机具。同时，依托江苏省农机具开发应用中心、江苏省农业科学院等科研部门，多方争取资金，引进、试验、示范推广（林果茶）新型农机具、新技术，加强农机装备与技术的有效供给，缓解“无机可用”和“无好机可用”的问题，组建特色农机专业合作社。

三是农机化安全生产治理体系和治理能力有待提高。句容进一步压紧压实镇（街道、园区）村（社区）农机安全属地责任，全面推广将农机安全生产融入基层社会治理综合网络，根据上级文件精神，制定出台《句容市农机安全生产网格化实施方案》，健全农机安全监管网格队伍管理制度，开展网格人员农机安全监管业务培训等。未来，句容要加强以下几方面工作：（1）加强农机安全宣传工作。充分利用办证大厅、送检服务下乡、驾驶人考试、安全知识教育、田间地头检查等工作形式，积极开展农机安全宣传。同时，坚持问题导向，对交通违法记满 12 分的拖拉机驾驶人采取邮寄挂号信、打电话等方式通知其参加教育和考试，并对其开展政策法规学习、警示教育等。通过短信发送、网站公示、微信公众号信息发布、报纸刊登、邮寄挂号信、摆放展板、悬挂标语、发放宣传资料、现场答疑咨询等方式，构建密集农机安全宣传网，积极宣传法律法规、规定规范、农机安全操作规程。

（2）加强农机安全监管工作。全面推进农机安全监管常态化、制度化、规范化，进一步夯实农机安全生产基础，切实把各类风险隐患消除在萌芽状态，力求取得实效，促进全市农机安全水平提高，保证全市农机安全生产形势稳定向好。完成秸秆机械化还田任务。根据省、镇江市文件精神，制定《2021年句容市秸秆机械化还田工作指导意见》，进一步加大督促推广力度，要求实施秸秆机械化还田的镇（街道、园区）必须完成省级布置的还田任务，稻麦秸秆机械化还田率达52%以上，合理用完结余的补贴资金。（3）开展农机送检下乡、送考进校，有序推进农机监理执法工作。切实开展农机送检下乡服务工作，做到年检、安全隐患排查、农机综合保险三结合，进一步提高年检率，提升农机安全生产水平；与江苏省农林职业技术学院共同开展“农机助学 送考进校”工作，打造一支“有文化、懂理论、会驾驶”的农机后备人才队伍，为增强农机行业发展活力提供坚强人才保证；联合交警部门，组织力量在重点路段开展联合执法检查，创新思维，形成部门联动，重点查处无牌无证、违法载人、超速超载、脱检脱保、酒后驾驶等交通违法行为，全面提升句容农机监理依法执法的能力和水平，有序推进农机监理执法工作。

四是农机培训和社会化服务工作有待进一步加强。未来，句容要坚持结合实际、注重实效的原则，认真开展农机技能培训工作，同时做好农机志愿者服务下乡活动，“三夏”“秋收秋种”期间组织农机维修服务队，深入田间地头、场院，开展农机服务活动，确保“三夏”　“秋收秋种”期间农机安全生产。同时加强“全程机械化+综合农事”服务中心、区域农机维修中心建设典型经验的学习，实施好服务中心项目的建设。（1）建设乡村振兴研究院，为实现农业农村现代化提供智力保障。建设江苏乡村振兴研究院，选取一批高层次、领军式现代农业科技人才作为高素质农民培育导师，组建“把论文写在大地上”的专家团队，为句容乡村振兴群策群力，提供智力保障；以江苏乡村振兴研究院为载体，建设集科技研发、技术展示、成果转化等功能于一体的创新创业基地。（2）培育高素质人才队伍。建立高素质农民教育培训、规范管理和政策扶持“三位一体”的培训体系，建立学历教育、技能培训、实践锻炼等多种方式并举的培养机制；开展新型经营主体带头人培育、乡村人才定制培训；鼓励新型经营主体带头人参加职称评审、技能等级认定；完善人才引进政策，吸引高层次人才投身乡村振兴事业；完善人才培养合作与交流机制，建立国内外、区域、校地之间的人才培养合作与交流机制。（3）开展科技特派员农村科技创业行动。完善科技特派员工作机制，拓宽科技特派员来源渠道，实现科技特派员科技服务和创业带动全覆盖；完善优化科技特派员扶持激励政策，持续加大对科技特派员工作的支持力度。引导科技特派员与新型农业经营主体合作，针对农业产业链关键环节和瓶颈问题，开展科技创新和成果转化，提升农业科技水平。

五是农业机械化统计和监测亟待加强。句容致力于完善农机购置补贴政策，根据省、镇江市文件精神，制定出台具体文件，强化市级农业农村部门指导监督责任，健全廉政风险防控制度和基层内部控制制度，同时做好政策宣传、信息公开和违规查处工作，做好乡村振兴实绩考核“特色农业机械化率”指标的监测，加强对各镇（街道、园区）农机化统计测评工作的培训、指导。未来，句容要加强村庄环境综合整治，完善农村生活垃圾分类收集处理体系建设，因地制宜系统加强农村厕所无害化改造，实施农村清洁工程；分类开发建设历史文化型、自然山水型、产业特色型特色村。依托句容优良的农业产业发展基础、成熟的农业科技服务与管理模式，以科技创新驱动战略为发展纲领，以市场需求和地域特色为发展前提，实现农业产业向高端集聚，农业资源高效集约，农业科技政产学研用有序推进，一二三产业融合发展，农业工程和装备水平明显提高，耕种收综合机械化率高于江苏平均水平，将句容市打造成为“以绿色果蔬为特色，带动优质粮油、生态养殖、特色林木、休闲旅游等产业创新发展的中国丘陵地区农业科技创新先行区、中国特色农业体制机制创新试验区”。充分发挥科技引领和辐射创新作用，带动句容及其他丘陵地区农业高质量发展，全面实现乡村振兴。

2.2.2 农业智能化程度偏低

句容现有农机装备的数字化、信息化、智能化处于起步阶段，高端农机装备有效供给不足，制约了现代农业的高质量发展。未来，句容农业农村要实行数字化转型发展，开展数字乡村建设试点示范，鼓励拓展乡村数字经济、智慧绿色乡村、乡村数字生活服务、数字乡村治理等应用场景和赋能方式；加强数字农业关键技术、核心装备研发和集成；加快农村光纤宽带、移动互联网、数字电视网和下一代互联网发展，支持农村及偏远地区信息通信基础设施建设；加快推动遥感卫星数据在农业农村领域中的应用；推动农业生产加工和农村地区水利、公路、电力、物流、环保等基础设施数字化、智能化升级；开发适应“三农”特点的信息终端、技术产品、移动互联网应用软件，构建面向农业农村的综合信息服务体系。以创建全国电子商务进农村综合示范县为抓手，进一步挖掘农村电商潜力，在全市建立完善支撑电子商务发展的公共服务体系，统筹推进品牌、标准、品控、金融、物流、培训等服务；促进农村电子商务与乡村振兴战略深度融合，显著提升农村流通基础设施和服务水平，完善市、镇、村三级物流配送体系，降低物流成本；建立农村电商培训转化机制，加强创业孵化，推动电商与特色农业、乡村旅游、民俗文化等地方优势产业的有机融合，形成农村电商可持续的市场化运营机制，促进农民稳定增收，巩固提升电商乡村振兴成效。

一是果园生产缺少先进智慧管控系统。句容为典型丘陵地区，丘陵面积占耕地面积的87%，其中葡萄种植面积5.23万亩，草莓种植面积1.33万亩，桃、梨种植面积2.3万亩，茶叶种植面积4.3万亩，果园生产缺少先进适用的农业装备和智慧管控系统已成为制约句容农业高质量发展的瓶颈。未来，句容要加强下列工作：（1）实施农机农艺高度融合的宜机化标准农田建设。根据丘陵山区果园种植区的栽培模式、地形地貌、地块形状、气象和水土环境等信息开展果园方案设计，根据农机农艺融合指导原则，对种植区、机道、水源、沟渠、管道、库房等区域进行合理规划，重点开展丘陵山区果园不同栽培模式下的土地平整和宜机化改造方案研究，针对不同林果栽培模式的特点和要求，探索和总结平整地、缓坡和梯台等宜机化地形的改造方法和作业方案，形成以全程机械化生产和智慧管控为目标的丘陵山地宜机化土地改造技术方法和方案。（2）研发及推广应用面向丘陵山区果园全程机械化生产的关键技术与装备。在宜机化改造的基础上，围绕林果栽培模式和技术要求，开展果园全程机械化生产的综合方案设计。重点研究山地果园集水、供水、水资源优化调度和智能化灌溉装备，形成丘陵山区微喷灌高效应用技术模式。以轻型、高效、可靠和适用为目标，研发开沟、施肥、培土、施药、除草、碎枝、采摘和运输等系列化装备，重点突破靶向变量精准施药和施肥系列装备，实现丘陵山区果园生产的减肥减药目标，形成丘陵山区果园全程机械化解决方案和系列化装备。（3）开发丘陵山区果园生产智慧管控系统。开展水土、作物和环境信息的协同感知技术研究，获取果树生长参数、环境信息以及病虫害信息，通过计算机技术、人工智能技术以及专家系统等对多源信息进行分析和融合，构建环境、作物和病虫草害监控模型与决策数据库，实现丘陵山区果园水土信息、病虫草害和作物状态的预测和管控，形成丘陵山区果园智慧管控系统解决方案。

二是智慧农业及其示范区有待发展。句容建立和推广应用农业农村大数据体系，推动物联网、大数据、人工智能、区块链等新一代信息技术与农业生产经营深度融合，建设数字田园、数字灌区和智慧农（牧、渔）场，加快新一代信息技术与农业生产经营深度融合，重点支持农业物联网相关技术和服务应用推广，加强数字农业农村基地建设，加快智慧农业发展步伐。但总体而言，智慧农业及其示范区有待发展。在稻米、茶叶、应时鲜果等种植领域，可利用卫星遥感、无人机、地面农情监测等农情信息获取方法，基于5G网络、云计算等技术，构建天—空—地多源农情信息感知体系。同时，通过多源感知信息和人工智能算法实现农作物生长动态监测；协调农作物生长水、肥、气、热等条件，实现农业生产过程智能决策与优化调控，构建农业生产过程智慧管控体系，推进信息化装备、数字化技术在农业生产中的应用，率先建成智慧农业示范区。（1）开发及推广基于北斗系统的无人农机自动导航和路径跟踪技术方案。针对稻麦无人精确播种/插秧装备、收获装备及植保装备等农业装备作业环境复杂多变，作业要求不尽相同，农业装备自身具有大时滞、强耦合和高度非线性特性这一问题，以北斗卫星导航系统为基础，设计北斗位置服务系统，形成农业装备轨迹跟踪控制解决方案。（2）开发及推广智能农机作业状态监测系统。针对耕整地、播种、施肥、灌溉和植保作业质量难以在线定量采集与评价等问题，研究农机作业位姿、物料流量等状态参数在线监测技术，研制作业参数在线采集及种肥水药实时消耗监测装置；针对收获机械复杂作业过程中缺乏故障预警和分析方法及故障工况数据样本等问题，开发收获机械作业工况参数实时监测技术；针对植保机械作业时农机姿态对作业质量的直接影响，开发基于总线的作业速度、喷雾流量、喷雾压力、药液体积等参数的在线监测系统，形成智能农机作业状态监测解决方案。(3) 开发农机智能控制装置。针对稻麦生产全农时智能化生产管理需求，开发基于总线的分布式农机作业状态精准控制技术，开发适于机载应用的基于土壤墒情、作物生产信息与病虫害信息的种肥水药作业处方决策生成技术，重点开发基于总线的种肥漏播漏施、变量施肥、精确灌溉、自适应变量施药、收获工况监测等测控系统，研制具有通用性特点的农机作业智能控制系统及装置，实现基于农场生产数据、决策支持的水肥药施用关键环节的智能化作业管理。

三是支持农业高质量发展的农业大数据平台尚未建立。数据是智慧农业的基础资源，但目前句容尚未建立农田管理大数据平台、农情信息采集系统和农田环境信息监测系统，发展智慧农业缺少数据资源和智能分析技术。未来，句容要加强下列工作：(1) 开发农情信息采集与农艺决策技术及系统。采用田间分布的视频监控和无人机遥感等方法获取作物生长动态群体变化特征信息，开发基于多源感知信息和人工智能算法的作物生长动态监测技术，建立基于深度学习的时空谱特征智能提取方法及模型，融合物联网、信息遥感、光谱图像和北斗卫星导航信息进行数据分析处理，实现作物生长状态模型的多源数据处理；采用农机车载式传感器实时监测，采集作物生产动态变化的特征信息，分析作物生长生理形态变化、养分信息变化规律，建立作物生长肥力施用和产量预测模型，实现变量施用水肥药；研制分布式机械运行状态及作业状态智能传感器，研究粮食产量分布信息抗扰动态计量技术，实现粮食产量实时检测及产能评估，形成农情信息采集与农艺决策解决方案。（2）开发及推广应用环境信息感知与检测技术。作物与生长环境密切相关，环境数据具有内容复杂、数据类型丰富等特点，基于5G、Flume、ZigBee等传输技术，开发推广农场环境多维信息感知技术，整合病虫害监测信息、土壤信息、水文气象信息、地形地貌等信息资源，构建农场土壤墒情检测及评估模型、病虫害信息评估模型和灾害预测模型，实现农场环境多维信息的感知与检测，获取农业生产数据。（3）推广作物生产专家决策系统。面向农场大数据特征和耕、种、管、收关键环节多样的业务需求，基于深度学习、智能语义识别、深度信念网络、聚类等人工智能算法的农艺生产知识处理方法，构建融合农业季节性、周期性、多样性的专家决策库，为农事管理、作物栽培、病虫害植物表征及施药、缺素植物表征与施肥、病虫害预测等关键环节提供有效决策支持。

四是基于乡村管理服务的数字化建设亟待推进。句容致力于构建“线上线下”相结合的乡村数字惠民便民服务体系，推进“互联网+”政务服务向农村基层延伸，同时实施数字农业赋能提升行动，加快建立涉农信息采集与共享工作机制、农业信息平台整体互联机制、数字技术与生产经营融合推进机制。1家农业经营主体建设应用农业物联网应用平台，推荐全省数字农业农村新成果1个；力争到2025年，全市数字农业发展水平达70%，进一步提升农业农村现代化水平。未来，句容要提升农业农村大数据建设规范化、标准化水平，加快建成集数据采集、数据管理、数据分析、数据共享等于一体的综合平台。支持农业社会化服务组织探索规模化生产、标准化协作的“云服务”模式，提升农田托管、种质资源、物质装备、市场营销、农产品农资供需信息等方面的信息服务能力。鼓励生产经营主体、农业龙头企业、科研院所探索物联网数据对接、数据应用和技术服务方式，提升数据融合共享和管理服务能力。（1）深化乡村智慧社区建设，推广村级基础台账电子化，建立集党务村务、监督管理、便民服务于一体的智慧综合管理服务平台。加强乡村教育、医疗、文化数字化建设，推进城乡公共服务资源开放共享，不断缩小城乡“数字鸿沟”。持续推进农民手机应用技能培训，加强农村网络治理。支持以“苏农云”为纽带，推进涉农数据上下连通、共建共享。深化“互联网+”农产品出村进城工程试点。（2）健全农民教育培训体系。建立短期培训、职业培训和学历教育衔接贯通的农民教育培训制度，促进农民终身学习。充分发挥农业广播电视学校、农业科研院所、涉农院校、农业龙头企业等的作用，引导优质教育资源下沉乡村，推进教育培训资源共建共享、优势互补。（3）培育高素质农民队伍。以家庭农场主和农民合作社带头人为重点，加强高素质农民培育。加大农村实用人才培养力度，设立专门面向农民的技能大赛，选树一批乡村能工巧匠。实施农民企业家、农村创业人才培育工程。深化农业职业教育改革，扩大中高等农业职业教育招收农民学员规模，健全完善农业高等院校人才培养评价体系，定向培养一批农村高层次人才。

2.2.3 农业科技成果转化效果仍需改善

农业科技推广是一项惠民工程，在农技成果推广、新技术转化试验等工作中，农技推广机构和社会化技术服务体系发挥着重要的作用。句容在这方面的工作亟待加强。需要与有关专家开展协作攻关，推广重点农业科技成果，推动农业科技成果转化和技术带动。首先，明确农技推广机构，转变农业农村工作职能。句容市现有10个县级、11个镇级农业推广机构（2020年县、镇陆续挂牌成立“农业农村局”），主要职能为：负责贯彻落实“三农”工作发展战略，制定辖区内农业农村发展规划，统筹推动发展农村社会事业、公共服务、文化、基础设施和乡村治理，负责农村改革、扶贫开发工作，农村集体经济组织发展和村级集体资产管理工作，农业统计和农业农村信息化有关工作，农村经营管理、“三资三化”监管、农民专业合作社和家庭农场管理服务工作，土地流转工作，提供农技、农机服务，负责种植业、畜牧业、渔业、农业机械化等农业各产业工作的监督管理。

其次，稳定农技推广队伍，合理布局人员结构。句容市以“五规范”为准绳，加强农民专业合作社、家庭农场、农业龙头企业制度化建设，培育了一批国家级、省级示范合作社、示范家庭农场、农业龙头企业等新型经营主体，全年累计培育高素质农民3380人，创建了3家省级农民培训实训基地、1家国家级农民培训实训基地。与南京农业大学、南京林业大学、江苏省农业科学院、江苏农林职业技术学院、镇江市农业科学院等加强校地合作，建成9个省级现代农业产业体系科技示范基地、7个镇江市级生态农业示范基地、1个省级生态循环农业示范村。农业科技进步贡献率达到66.66%，国家现代农业示范区建设水平在全国位居前列。全市现有10个县级农业推广机构，现有农技推广人员199人，其中：在编在岗153人，在岗不在编（社会化用工）46人；50岁以上77人，30~50岁104人，30岁以下18人；具有专业技术职称161人，占80.9%，其中，正高级职称8人，副高级职称 48 人，中级职称 66 人，初级职称 39 人；从学历上看，研究生学历 17 人，本科学历 98 人，大专学历 56 人，中专及以下学历 28 人。全市现有 11 个镇级农业推广机构，现有农技推广人员 219 人，其中：在编在岗 139 人，在岗不在编（社会化用工）60 人，在编不在岗 20 人；50 岁以上 77 人，30~50 岁 104 人，30 岁以下 38 人；具有专业技术职称 130 人，其中，副高级职称 13 人，中级职称 64 人，初级职称 53 人；研究生学历 13 人，本科学历 91 人，大专学历 82 人，中专学历 33 人。

再其次，主动对接科研院所，解决科技成果转化问题。落实好科教兴农战略，扎实推进“一村一所”、科技入户、科技示范基地、现代农业产业技术体系等工作，让科研院所与镇村、科技与产业、驻村专家与示范户“深度”对接，使农业科技成果更快地转化为生产力，力争走出“产业发展上水平、农民增收得实惠、科教能力获提升”一举多得的新路子。一是落实“一村一所”科技帮扶机制。加大产学研合作力度，组织科技专家驻村驻点，每个重点涉农主导村都有一名科技专家联系到村、服务到户，确保每个行政村都有一个教学科研单位提供科技支撑。全市 76 个涉农村“一村一所”覆盖率达 100%。二是开展农技人员进村入户指导。每年围绕粮食、园艺、渔业等主导产业，遴选 200~500 个农户作为科技示范户，公开选聘农业技术人员担任技术指导员。围绕主导产业，每年推广 10 个以上新品种和 15 项以上新技术新模式。三是搭建“互联网+”农业信息化平台。2019 年协同江苏农业科技服务云平台，对接“农技耘”APP，开发了“农技耘—句容”频道，聚焦句容农业，为本地用户提供精准信息服务，推动农业高质量发展，助力句容乡村振兴。目前，“农技耘”APP 用户稳定在 5000 人左右。

总体而言，句容在对接科研院所，解决科技成果转化问题方面做了大量工作，科技成果转化综合能力逐年加强，但是和苏南其他城市相比仍有一定的差距，需要进一步加强这方面的工作。

第3章　打造农业科技现代化“共建共同体”

句容是传统的农业大市，近年来在诸多涉农领域都走在了全国前列，先后获批国家现代农业示范区等十多项国家级“三农”工作示范试点项目，探索出“戴庄经验”“丘陵开发模式”“丁庄范本”“西冯模式”“唐陵路径”等闻名全省乃至全国的“三农”改革发展成果，“农”字早已是句容的一张亮丽名片，句容正日益成为全国“三农”工作的排头兵。在农业科技现代化先行县示范共建工作中，两大主体单位——句容市和地处镇江的江苏大学联合相关方，积极构建党、政、产、学、研、社六位一体的“共建共同体”，在此基础上突出强调校地优势互补，千方百计将句容的资源禀赋和产业优势以及“三农”改革发展的成果和经验，同江苏大学在农业工程领域和涉农软科学方面的技术、数据、人才和培训等优势熔铸起来，创造共建工作的系统化和协同化效应。

3.1　坚持党政齐抓，锻造共建工作主心骨

习近平总书记在党的二十大报告中强调，“中国式现代化，是中国共产党领导的社会主义现代化”。农业现代化是社会主义现代化的重要构成，在以农业科技现代化助推农业现代化、做好农业科技现代化先行县示范共建工作中坚持党的全面深入领导，是社会主义现代化建设的内在要求。共建工作启动前，句容市委、市政府和江苏大学认真学习、充分吃透《农业农村部办公厅关于开

展全国农业科技现代化先行县共建工作的通知》等文件精神，按照科教司周云龙司长在全国农业科技现代化先行县共建工作部署视频会上的讲话等相关要求，出台具体措施，严格把“充分发挥先行县党委政府主导作用”这一共建首要原则落实落细，将校地双方的党建引领和地方政府的主导协调作用统筹推进，通过党政齐抓锻造共建主心骨、拧成共建一股绳。

3.1.1 党建引领，凝聚共建精气神

“党政军民学，东西南北中，党是领导一切的。”① 在共建中强调党建引领，是对习近平总书记关于“发挥党总揽全局、协调各方的领导核心作用”② 的重要论述的实际贯彻，是对“加强党对一切工作的领导，这一要求不是空洞的、抽象的，要落实到改革发展稳定、内政外交国防、治党治国治军等各领域各方面各环节”③ 这一党建思想的充分体现。作为共建的核心单位，句容市和江苏大学强化、做实双方党委领导责任，坚持共建和党建互动互促。一方面把党建挺在共建前面，确立以党建引领为核心的共建总基调，通过党建创新开拓共建局面、提升共建质量；另一方面将共建工作纳入双方党建的重要议程，以共建为契机、导向、平台和抓手促进党建创新，积极探索党建带共建、共建促党建的党建+共建“双建”模式，凝聚起共建工作的强大精气神。

（1）积极搭建党委—支部—党员三级一体的“双建”组织网络。“党的组织建设始终作为一个重要组成部分贯穿于党的建设伟大工程的各方面和全过程，高度重视组织建设是党自身不断成长

---

① 《胡乔木传》编写组编《邓小平的二十四次谈话》，人民出版社，2004，第172、187页。

② 习近平：《习近平谈治国理政》第一卷，外文出版社，2014，第118页。

③ 中共中央宣传部编《习近平新时代中国特色社会主义思想学习纲要》，学习出版社、人民出版社，2019，第70页。

壮大的优良传统和宝贵经验。”① 第一，句容市和江苏大学分别成立领导小组，句容市委副书记、市长周必松同志和江苏大学党委书记袁寿其同志分别担任组长，下设工作办公室，主要负责共建顶层设计和总体布局，双方实行碰头讨论、平等协商、对接落实的工作方法。截至目前，双方党委召集的共建碰头会、破题会、推进会、专题对接会、现场观摩和商讨会等超过 30 场次，内容涉及确立共建总体要求和原则、签订共建协议、制定共建方案和重点任务、创设工作机制、推进项目落地与运营、科技攻关等。第二，成立流动或临时党支部，深度嵌入共建工作。政府职能部门、自然村和合作社、涉农科技企业、大专院校和科研机构组建并派出流动或临时党支部到各共建现场，深度嵌入各项共建工作并在其中发挥战斗堡垒和主心骨作用。目前，句容市共建领导小组成立了由市委副书记挂帅、市委办公室主任负责的临时党支部，江苏大学参与共建的 7 个专家服务团队也都成立了临时或流动党支部，力求共建工作在哪里，党支部就流动在哪里，党旗就飘扬在哪里。第三，发挥党员身先士卒、榜样示范、先锋带头作用，以党员干部的一马当先带起共建的万马奔腾。全国脱贫攻坚楷模、有着 40 多年党龄的党员干部赵亚夫就是典型例子，82 岁高龄的他仍然踊跃参与共建工作，通过“赵亚夫农产品合作联社”“亚夫团队工作室”等渠道，在国外先进农业技术引进、农业科技著作和读物编写、免费为农民提供科技宣传和辅导以及示范和培训等共建领域，继续践行他科技为民的初心使命，带动了一大批党员干部投入共建事业。经他培训的 1200 多名农村科技人才中近四分之一是党员，这些党员成为农业科技发展中的“红色引擎”。第

① 柳宝军：《中国共产党组织建设的百年实践及其基本经验》，《探索》2021 年第 3 期。

四，成立由党员为主体的科技志愿者服务团队。比如，江苏大学农业科技现代化示范县共建科技志愿团队不定期开展“科技下乡”或“科技支教”。目前，他们已在句容市的后白、郭庄、天王、茅山等镇开展了多次技术咨询、指导、农机维修等服务活动，为农民赠送包括御寒和防暑软科技、技术使用和维修手册等在内的“科技包”“慰问包”，同时通过视频号等工具开展线上科技宣传和培训。

（2）探索和培育“党支部+”党建模式和形态及“加减乘除”党建新机制。句容市委和江苏大学党委在以党建创新推动共建工作入正轨、上台阶、开新局方面已形成全面共识，拟借助共建舞台，通过党建模式、形态和机制创新，力争五年内培育出一批包括先进支部、模范小组、标兵党员等在内的双建先进典型。第一，借鉴天王镇戴庄村和茅山镇丁庄村的“镇党委+合作联社+功能党支部”经验，构建“支部+项目”“支部+合作社+农户”“支部+技术团队”“支部+复合式营销”等“党支部+”工作模式，打造“合作组织有支部、增收致富党员带、技术培训专家在”的双建工作范例。积极探索“田间党建”“农场党建”“园区党建”等现场化、接地气的党建新形态，上好“流动党课”，把党日活动、民主生活会、入党申请、重温入党誓词、提升党性修养和思想觉悟等党建活动场所设在田间地头、示范农场、农业科技项目园区、科研攻关和技术会诊的现场，切实推展党建带共建的渠道和载体。第二，创造性发挥江苏大学“纵横融合”党建工作品牌，着力培育“加减乘除”党建新机制。所谓“加”，就是通过党的思想、组织、作风建设，对共建工作加深认识、加强责任、加大保障，同时，借助“指尖上的党建”新阵地，解决共建单位和人员“点多线长面广”的问题；所谓“减”，就是一方面减少共建人员在原单位的工作负担，让他们全身心投入共建，另一方面拒绝文山会海，推广在线组织和管理，实现会务、事务电子化、高效化、少纸化，实施“一线通”，减少重复工作，让数据多“跑路”，让人员少“跑腿”；所谓“乘”，就是把涉农科技企业、大专院校、农科所和农科站等单位中的党员科技人才组织起来，单独“建群”，分工合作、协力攻关，发挥人才的集聚和叠加效应，同时对相同或相似的技术需求进行规整合并，提高科技服务效率；所谓“除”，就是通过组织、作风和思想建设，整治涣散的党支部和工作队，去除歪风陋习，消除“等靠要怨”等负能量和负面情绪，坚决纠正共建工作中存在的形式主义、官僚主义、推诿扯皮现象，杜绝“表格里的共建”“照片中的现场”“笔头上的数据”。

（3）大力开展世界观、事业观以及党性修养和政治觉悟等思想政治教育。各共建单位主动挖掘和充分利用当地革命纪念馆、先进典型和模范人物等教育资源对共建人员进行创新创业、初心使命和助农情怀教育，培养他们的事业共同体和精神共同体意识。第一，实施富农强农爱农初心使命教育工程，用足茅山等地的红色资源，讲好全国脱贫攻坚楷模赵亚夫，全国脱贫攻坚先进个人阮祥忠，全国道德模范、全国诚实守信模范、全国脱贫攻坚奖贡献奖获得者和“中国好人榜”提名人物糜林等先进典型的爱农支农故事，结合“四史”教育，涵养政府职能部门工作人员、企业科技人员和大专院校师生矢志于“三农”事业的情怀，将“为农服务一辈子”的理念根植人心，为农业农村现代化储备高素质、高觉悟农业科技人才。第二，开展科技爱国、不忘初心教育。江苏大学充分发挥自身驻地科教资源优势，利用学校师生参与共建的契机，加强对学校“工中有农，以工支农”办学定位和特色的宣传教育，进一步坚定师生员工富农强农的志向和情怀。2021 年

12月13日，江苏大学流体机械工程技术研究中心党委组织教工第五党支部、2021级研究生党支部、入党积极分子赴戴庄开展初心教育，观摩生态农业和学习赵亚夫先进事迹。第三，以共建为突破口引导农业科技工作者造福地方。共建工作伊始，江苏大学党委书记袁寿其就郑重表态，江大师生一定要“把共建农业科技现代化先行县视为一项荣誉、一个机会、一份责任；围绕句容农业科技需求，把农业科研成果写在句容大地上”。为此，学校将服务镇江“三农”的论文的数量和质量、专利转化为农民增产增收利器的数量和效力等作为衡量师生科研态度和业绩的重要参考，作为贯彻、落实和检验“破五唯”成效的标准之一，把服务共建工作的热情和效果作为二级学院和师生员工评奖评优、晋升的新增条件。

3.1.2 政府主导，全面组织协调各方

句容市政府按照江苏省农业农村厅的文件和指示精神，于2021年11月成立了由市长周必松任组长、副市长徐飞任副组长的共建领导小组，由市政府办公室以及农业农村局、乡村振兴局、财政局、科技局、发改委、生态环境局、自然资源和规划局、国家科技园区等近30个下属单位和11个下辖乡镇、街道、管委会的主要负责人组成，下设办公室，统一领导全市共建组织系统和各类活动，并配有工作专班。领导小组充分发挥政府的主导作用，积极整合行政部门、公共部门、社会部门、市场部门所聚集的各种资源，其主导作用主要体现在以下方面。

（1）做好顶层规划，出台政策文件、签订合作协议、编制共建方案。目前，已制定审核并出台了《关于落实产业强市“一号战略”做好2022年全面推进乡村振兴的实施意见》《句容市“十四五”农业农村发展规划》等纲领性和政策性文件，为共建工作

的具体开展提供了政策环境和依据；按照农业农村部“八个一”的共建任务要求，秉持“资源共享、优势互补、全面合作、共同发展”的基本原则，经过多次协商论证、酝酿起草，作为甲方的句容市人民政府同作为乙方的江苏大学签订了《共建“全国农业科技现代化先行县”协议书》，共同编制了《全国农业科技现代化先行县共建实施方案》，协议书和共建方案于2021年10月14日由句容市政府第56次常务会议讨论通过，明确将共建工作分为启动期（2021年）、全面推进期（2022—2023年）、总结验收与示范推广期（2024—2025年）三个阶段。此后，句容市政府陆续又与江苏大学对接研讨并编制完成了应时鲜果和稻米等产业的特色农业机械（农产品加工）、智慧农业示范区、草莓示范基地、智能茶园和稻麦智慧农场建设、茶叶生产标准化制定和茶园生产机械“遴选+研发”以及句容市农民继续教育培训工作等多个共建子方案。此外，句容市政府还与江苏农林职业技术学院等共建单位编制完成了草莓优质种苗繁育和省力化栽培技术集成示范，即“1+1+*N*”新型农业技术推广等一批项目的实施方案。

（2）组织召开或承办与共建相关的会议，以会促建。一是召开全市“三农”工作会议。2022年召开的句容市农村工作会议充分认识到新发展阶段做好“三农”工作的重要性和紧迫性，持续释放重农强农信号，提出以更高站位、更实举措、更大定力，加快推进全国农业科技现代化先行县建设，明确了守牢粮食安全、推动乡村发展提档升级、有序开展乡村建设行动、稳步推进乡村全面治理、深化乡村综合改革等五方面年度重点工作，为共建确立了大的工作原则和方向。二是召集现场调研会。为落实共建工作，开展校地间常态化对接，推动智慧农业、生态农业、丘陵地区特色农机装备、农产品加工等农业科技项目的发展和建设，句容市农业农村局和农科院等单位负责人不定期带领镇江市科教与农产品质量监管科、乡村产业与信息科、农业机械管理科和示范农场等的相关人员前往由江苏大学等单位提供技术支持的后白智慧农业试验区、茅山茶园生产智能化示范区、镇江农业科技园区、白兔草莓种植基地，实地调研项目建设，现场办公解决问题。三是召开地校、校企、地企等双方或多方对接会。句容市政府分管共建工作的副市长、市政府办公室主任等专门带队前往江苏大学、江苏农林职业技术学院等科研机构，召开对接会议，在加快丘陵地带农业产业生产全程机械化、农业科技转化示范区、科技团队服务项目等方面加强对接工作。四是举办和承办相关论坛。为进一步推广句容市的“戴庄经验”和“丁庄模式”、加快句容有机农业和生态多样性农业的发展，句容市先后承办了由江苏省农村经济研究中心和镇江市农业农村局共同主办的放大“戴庄经验”示范效应专题研讨会、由中国生态学学会农业生态专业委员会和江苏省农业科学院主办的第一届农业生物多样性培育与利用论坛等多个专题研讨论坛。

（3）组织协调政产学研社农等各共建主体行动。句容市政府围绕共建工作终期目标和年度重点工作，在资金、土地、科研和办公设施、项目培训等方面积极主动担责，加快出台和完善各类政策措施，强化各条块、各环节、各场域的衔接、畅通和协同，加大各相关资源要素的投入力度并确保投入及时，最终确保各项政策可落地、可操作、可见效。第一，句容市政府出台完善财政扶持政策，财政资金重点投向短板弱项、创新试点、生态环保、数字智能、平台载体建设等领域，在高标准农田建设、农业大数据平台建设、先进适用农业装备研发、智慧农业示范区建设和农产品仓储保鲜冷链设施建设等方面，加大资金和金融等支持力度。

目前，已统筹项目资金5000万元用于先行县示范建设，其中安排600万元作为句容市江苏大学丘陵地区农业机械化研究院、江苏大学农业农村现代化研究院的运行经费。坚持把农业农村作为财政支出优先保障领域，建立财政支农投入稳定增长机制，发挥财政资金杠杆作用，加大农业招商引资力度，完善财政扶持政策，支持高标准农田建设、农业大数据平台建设、先进适用农业装备研发、智慧农业示范区建设和农产品仓储保鲜冷链设施建设。第二，在土地和设施方面，句容市政府持续加大农业农村建设发展投入，优先保障先行县共建所需县辖用地和硬件建设，责成市自然资源和规划局、农业农村局、住建局等单位在依法合规、手续齐全的前提下，为创办农业科技示范企业、建设农业科技示范园区和科技示范农场以及科研院所试验、管理、调研、办公等，最大程度保障土地使用供应。政府相关部门积极协调农业科技先行县示范共建工作中的各类用地需求，为白兔镇草莓物联网管理示范基地、后白农场稻鸭共作生态示范基地、茅山茶场科技示范基地、茶博园、何庄乡村振兴示范点等农业科技现代化示范园区提供场所便利，句容市江苏大学丘陵地区农业机械化研究院和江苏大学农业农村现代化研究院场所及硬件设施建设和改造方案也正在加紧制定落实中。

（4）创设各类工作机制，做好监督落实、共建宣传和年度总结。第一，建立共建领导小组决策议事、巡察问事、现场推进制度，由领导小组牵头抓总、句容市农业农村部门具体实施，市、校相关部门协调配合强化责任落实和考核评估，定期查找薄弱环节，细化工作措施，提升项目推进的成效。第二，推行“重用一批干部、树立一批榜样、宣传一批典型、总结一批经验”措施，确保领导小组职能下沉、成员工作重心下移，要求各工作专班负责人定期汇报任务和项目进展情况、遇到的困难及解决方案等。第三，实施重点任务包干负责制，推行共建领导小组主要成员“四联一包”（联系乡镇、联系农业科技服务团队、联系农业科技示范基地或示范农场、联系农业科技创新企业和包科技攻关项目）机制，明确责任分工，量化工作指标，责任到人。第四，打造工作任务常态化调度模式，共建领导小组办公室专门制定了2021年度下半年和2022年度上半年《先行县和共建单位工作开展情况信息调度表》，紧紧围绕先行县共建方案，细化实施细则和工作举措，督促计划进度，目前已组织相关单位碰头会5次、实地调研12次、在线指导13次、专家服务500多人次。第五，扎实做好共建宣传总结工作。对共建中的实时会议、项目进展、科技攻关、创新成果等重点工作进行广泛对内对外宣传报道，其中央视新闻播报5次、省农业农村厅汇报2次、荔枝新闻报道4次、学习强国刊载50余篇，在镇江市和句容市的电视、广播、网站、公众号、视频号以及江苏大学校报、广播台、微信公众号等渠道对共建工作做了大量细化、深化的新闻报道，共建领导小组办公室特地创办的《共建工作简报》目前已发布30多期。此外，共建领导小组不定期发布相关专题调研报告并每年组织撰写两篇2万字以上的工作总结，目前已发布《科技支撑乡村振兴　打造丘陵地区先行县样板——句容市农业科技发展情况报告》1篇，以及2021年度和2022年度上半年共建工作总结2篇。

3.2　推动农业产业化和农业科技产业化良性互动

“农业生产活动主要由大量分散农户完成，难以形成对创新技术应用的集中需求……农民可以自繁自用种子，农艺农法学习模仿成本较低。此外，农产品价值较低，生产主体对成本极为敏感，高价格的先进技术和设备推广难。农业技术交易市场不活跃，创新成果也难以直接交易获利。”① 因此，只有大力推进农业产业化，农业对科技以及科技创新的需求才能摆脱分散性、消极化、个体化的束缚，进而具备规模化、链条化和协同化的特征，使科技创新步入可持续和集成化的轨道。句容根据自身地貌和生态特征，实施农业产业化“5633”战略，大力发展优质粮油、绿色果蔬、特色林木、生态养殖和休闲旅游五大主导产业，推进绿色稻米、优质葡萄、设施草莓、高档茶叶、优质草坪、精品苗木六大特色农产品全产业链发展，夯实现代种业、现代农机服务、现代农业烘干冷链物流三大生产性服务业，拓展乡村休闲旅游业、农产品精深加工、乡土文化产业三大现代乡村产业。通过农业产业化、产业全链化，打牢农业科技发展和创新的产业基础。

3.2.1 以农业的产业化输出农业科技及其创新需求

农业产业化的基本特征是“生产专业化、经营集约化、企业规模化、服务社会化、产品商品化、流通市场化和产业一体化”②，句容市根据农业产业化的基本特征，坚持“都市农业”的市场导向、“精品农业”的价格选择、“休闲农业”的功能定位、“循环农业”的生态理念、“智慧农业”的技术方向，聚焦产业强农，优化生产、产业和经营结构。以市场需求和地域特色为导向，以品牌化助推产业化，全力打造全产业链、全绿色化、深融合度、高附加值、强竞争力的农业产业，围绕基地、品牌、平台、体系、链条、队伍、农场、招商等要求，着力在品牌和体系建设、规划

---

① 程郁：《构建中国特色农业科技创新体系》，《经济要参》2022 年第 33 期。

② 牛若峰：《农业产业化：真正的农村产业革命》，《农业经济问题》1998 年第 2 期。

和平台建设、产业链延伸、队伍和基地建设、农场发展、产业招引等方面下功夫，重点布局粮食、鲜果、茶叶、蔬菜四大优势产业，大力培育农业农村发展新动能，不断促进农业高质高效、农民富裕富足、农村治理有效、乡村宜居宜业，最终在上述农业产业化及其衍生经济社会新业态的具体过程中生成农业科技现代化的输出机制。

（1）农业产业化大幅提高了句容农业机械化与智能化的需求。农业产业化是我国农业经营模式改革的重大创新，它“利用资本、技术、人才等生产要素，发展专业化、规模化的农业，尤其是面对日益紧张的土地、水等自然资源的束缚，农业产业化的发展是大势所趋，从分散型到集约型生产，从靠天吃饭到靠技术增收，同样也是现代农业发展的方向”①。句容顺应农业现代化趋势，立足自身的农业地域性特征，将丘陵山区较多阻碍农业大规模机械化的劣势翻转为农业科技创新的动力和契机。句容大力发展有机和生态粮食、水果以及生态养殖产业，以再生水稻、有机茶叶以及葡萄、草莓等应时鲜果生产的技术需求为抓手，充分发挥江苏大学、江苏农林职业技术学院、镇江市农业科学院等科研单位在丘陵地带特色农机、智慧农业、生态农业、丘陵地区智能灌溉、农产品加工、优质育种、农民继续教育与培训、“三农”治理等方面的优势和特长，组建多个跨学院、跨学科、跨主体的研究平台和科技攻关团队，着重提升水稻、茶叶、应时鲜果等农产品生产的机械化技术与装备水平，提升农业装备数字化程度，建设智慧农业，推广生态农业技术。目前的亮点工作主要有两个：一是在稻米、小麦和大豆精量播种、农田插秧、精量变量施肥施

① 张娜：《科技创新与农业产业化良性互动发展的重大政策问题研究》，《科学管理研究》2017年第3期。

药、高效减损收获、秸秆还田作业等方向进行新技术突破，大力提升稻苗移栽、稻田耕作、植保、水肥一体化、修剪、播种收割机械化作业技术与装备的集成度。促进名优稻、麦、豆产业稳定发展，积极建设高标准生态农田，通过加快良种化改造、更新机械化设备、实施绿色化防控、建设智慧化农田、升级清洁化车间等措施，积极发展高档精品生态产品，以高精尖产品为方向，大力发展初加工、精加工以及深加工，支持稻、麦、豆加工生产的技改投入，提升稻米的口感和档次。二是通过集成茶园农情的空—地多源信息获取、茶园无人化作业、茶叶生产全过程溯源等技术，构建茶叶生产全过程智慧管控系统，提升茶叶生产全程智能化水平。在江苏大学的帮助下，句容市茅山茶场建设了典型的“智能化”茶叶生产装备应用示范农场，形成多项农业主推技术，研发推广多台（套）创新型茶园机械化生产装备。同时积极开发红茶、白茶、花茶等精品茶产业，打造有机茶、洁净茶、高端茶品牌，扩大“茅山长青”等知名品牌的影响力。

（2）农业产业化带动的产品标准升级产生了新的技术及其配套需求。“农业标准工作是推广先进农业科学技术的重要手段，是农业科技成果转化为生产力的桥梁和纽带，是提高农产品质量、规范农村市场的技术准则，是组织现代化农业生产的技术规范。”① 农业产业及农产品标准的变革会相应地引发技术及其配套体系的升级要求。以句容市的茶产业为例。句容茶叶的产业化和规模化使得当地地理标志茶产品“茅山长青”的标准逐步走向团体化，进而带来茶叶感官等级的变化，即从过去的一、二、三3个等级转变为特一、特二、一、二、三5个等级。这一变化除

① 钱永忠、金发忠、叶志华：《加强农业标准工作　推进农业产业结构调整》，《农业科技管理》2000年第1期。

了造成不同等级的茶叶对外形和内质的要求不尽相同外，对适制茶树品种的选择和机械化加工过程的技术改进也都提出了新的要求。为此，2022 年 3 月 9 日，句容市茶叶协会正式出台了“茅山长青”茶农产品地理标志团体标准，并在江苏茶博园习茶院举办培训班，对协会的各会员单位负责人及国有、私营茶场和企业负责茶叶加工的技术人员进行辅导。江苏农林职业技术学院陈学林教授在培训班上对各级别“茅山长青”茶适制茶树品种的选择，以及一至三级“茅山长青”茶机械化加工过程的技术改进等，提出了建议和具体要求。为了适应新的产业化标准，句容市坚持以生产标准化管理体系建设、茶叶生产机械化装备研发和已有先进产品购置等三项任务为核心，积极引导茶叶生产和经营主体联合示范农户建设“茅山长青”茶标准化核心种植示范基地，联合江苏大学农业工程学院和田间管理装备研究院制造新的茶叶生产和管理机械化装备，投入 70 万元采购自走式茶园管理机、中耕机、无人植保机等现代化机械设备，提升茶叶生产管理机械化水平。多年前，茅山镇丁庄万亩葡萄专业合作联社开始实行“五统一”（统一品种育苗、统一技术指导、统一生产资料、统一质量标准、统一品牌销售）的“丁庄标准”，实现了千家万户“小生产”与千变万化“大市场”的对接，走上了标准化生产之路。基于统一产品标准的标准化生产产生了去农药残留、物联网信息化、数字追溯、大棚智能化控制和管理等新的技术要求，这些新技术目前正在丁庄葡萄生产基地被普遍应用。

（3）农业产业化促进了农业生产技术规范及其服务和支撑体系的变化。“农业产业化作为一种制度变迁，因市场扩大或交易费用等原因诱致的制度创新为技术传播、更新营造了环境，故又促进了发明创造的农业技术变迁。”① 例如，句容市实施的地理标志性茶产品“茅山长青”的两大工程，即地理标志精品溯源工程和茶品五级化升级工程，对句容市茶叶协会会员企业的生产、加工和销售的技术规范提出了统一要求。此外，以产业化为特征的农机作业对设施空间结构、出入口、内部通道等提出了新的要求，为此，句容市采取措施优化葡萄、草莓的种植模式和架式（垄型）结构，推广标准化、宜机化葡萄园建设和草莓温室建设。下蜀镇空青村以宜机化为落脚点，调整田间道路、农桥和田块大小等的标准，开展近 300 亩的平田整地工作，建设路桥涵闸渠相配套，建成具有丘陵地貌特色的高标准农田。由于句容市绿色优质农产品比重已近 70%，因此基于产业基础的大米、茶叶、果品等优质农产品的有机、绿色食品认证，产生了农产品溯源的技术路径和相关保障体系的需求。为此，句容市探索“农安追溯+信息化+成果应用+保险服务保障”的溯源模式，构建了智慧化监管平台。农业产业化促进农业生产技术规范及其服务和支撑体系变化的另一个例子是玉米大豆带状复合种植试验示范。该种植技术是一种集合理轮作和绿色增效为一体的高效种植模式，通过品种搭配、宽窄行带状配置等关键技术解决玉米、大豆争地矛盾，在不增加耕地的情况下，可实现“玉米基本不减产，增收一季大豆”。这种模式主要以“2（两行玉米）+4（四行大豆）”为主，即在种植两行玉米后再种植四行大豆。句容市的镇江富华农业科技有限公司在镇江市率先开展了这项试验工作。该公司与江苏大学积极合作，开展玉米大豆带状复合种植植保、农机等领域的技术培训，根据种植大户的需求，及时组织农技推广人员上门指导。

① 马国平、梁宏：《农业产业化过程中科技创新的重要性浅析》，《科技和产业》2005 年第 1 期。

“2+4”种植模式不仅增加了大豆产量，在种植实践中还产生了新的技术创新，比如，通过合理利用火龙果、葡萄等地方特色农产品，尝试“火龙果+大豆”“葡萄+大豆”等复合种植新搭配，提高土地复种指数。当然，新技术投入使用势必会带来一定的失败风险，对此，当地政府加强金融保险政策保障，将采用带状复合种植模式种植的玉米和大豆纳入农业保险补贴政策范围，稳定农业种植收益预期，从而充分鼓励当地涉农企业和经营主体敢于尝试、敢于创新，认真做好技术积累，为句容市乃至镇江市大面积推广提供经验。

3.2.2 实施农业科技产业化战略满足农业产业化的科技需求

面对农业产业化产生的科技需求和科技创新需求，句容市以农业科技现代化先行示范县共建为契机，细致梳理需求清单，通过加大科技供给壮大农业科技产业化的主体力量，积极构建农业科技产业化组织体系；探索推广“农业科技产业园”“科研单位主体研发”“龙头企业研发产营一体化”“专门针对科技成果难以物化的技术推广”“公司+技术中心+投资人+农户”“专业合作社+农户+科技租买”等适应本地自然条件和经济特点的六大农业科技产业化运行模式，深化管理体制和机制改革，积极回应农业科技产业化的科技创新需求。

（1）打牢农业科技产业化主体基础、健全农业科技产业化组织体系。农业科技产业化“要求科研、开发、生产、经营等组织成为一个完整的产业体系。通常科技成果必须具备科学技术可行性、经济可行性、社会可行性、环境资源可行性四个可行性，才有可能实现产业化，转化成为商品”①。为了实现产业的完整性和体系化，需要将政府的政策引导和穿针引线作用、企业的生产经营营销推广功能、科研单位的科技研发功能、工程技术中心的科技孵化转化功能和综合技术服务部门的综合技术服务功能充分深入地融通起来。按照农业科技产业化的上述特征和要求，句容市大力推进政府专职部门、科研院所、科技服务团队、专家工作站、新型经营主体、科技示范户等之间的“政—产—学—研—用”结合，构建农业科技产业化共同体。政府方面主要由句容市农业农村局牵头负责，共有句容市唐陵花木交易市场有限公司（国家级农业产业化龙头企业）、江苏悦达集团（全国重点国企）、味特佳食品江苏有限公司和江苏天隆神怡生态农业园有限公司（天王镇，省级龙头企业）、土山土水生态农业江苏有限公司和镇江市恒庆酱醋食品有限公司（天王镇，镇江市龙头企业）、江苏成富农业技术开发有限公司（茅山镇）、镇江富华农业科技有限公司（下蜀镇）、句容幸福阳光生态科技有限公司和句容市堂美现代生态农业有限公司（白兔镇）、句容市协恒农业发展有限公司和句容市金元农业发展有限公司（后白镇）、朴园（句容）生态农业发展有限公司（边城镇）、句容金卓生态农业科技园有限公司（宝华镇）、句容市宏利生态农业发展有限公司（郭庄镇）、句容景创生态农业科技有限公司和句容市洪庄生态农业有限公司（华阳街道）等700多家涉农企业加盟共建或参与合作。科研单位主要包括江苏大学、南京农业大学、农业农村部南京农业机械化研究所、江苏农林职业技术学院、镇江市农业科学院等，以这些机构为母体，通过科研攻关分工、校企合作等方式成立了句容市江苏大学

① 刘慧：《试论我国农业科技产业化及其基本模式》，《农业现代化研究》1999年第1期。

丘陵地区农业机械化研究院、江苏大学田间管理装备研究院等综合性工程技术中心，以及草坪研究院、稻米研究院、火龙果产业研究院等专项研究平台，同时从上述科研母体中抽调精干力量，组建了江苏乡村振兴研究院、江苏大学农业农村现代化研究院等综合性软科服务部门。以上部门构成了农业科技产业化的完整组织体系，纵向上能引导合作社带动小农户连片种植、规模饲养；横向上能促进各类新型农业经营主体建立产业联社，引导抱团发展、组团突破，推广村党支部领办合作社，发展同业、同域、同链的合作联社。这种农业科技产业化共同体最终将科技产业的政策、科研、孵化、示范、推广、应用等环节连点成线、织线成面、组面成体。

（2）探索推广适应本地自然条件和经济特点的农业科技产业化六大模式。研究表明，我国农业科技现代化的主要问题集中在农业科技产业化与农业产业化结合不紧、农业科技产业化投入不足、现行农业科研体制不适应农业产业化的要求、现行农村经济体制限制了农业科技进入经济主战场①等方面，这些问题在句容也不同程度地存在。为切实做好产业链和科技链的深度互嵌，句容市充分调研本地资源禀赋、产业基础、生产力水平、科技产业特性等实际情况，遵循多样化、协调性和动态化原则，探索农业科技产业化的本地模式。一是“农业科技产业园”模式。句容经济林果带是镇江国家农业科技园区核心区，同时还拥有多家镇江市、江苏省和国家级现代农业产业园区，句容用足其区位、政策和金融优势，通过整合农业空间、园区，突出物联网、云计算、人工智能等科技元素，构建“众创空间—孵化器—加速器—产业

① 黎东升、杨义群、王忠锐：《论农业科技产业化的模式与运行机制》，《技术经济》2002年第7期。

园区”农业科技创新走廊串联带，成为句容农业科技产业化的核心引擎。二是“科研单位主体研发”模式。江苏大学农业工程学院、中国农业装备产业发展研究院、流体机械工程技术研究中心等单位在确定科研选题时，主动瞄准句容农业产业市场需求，强化研究成果的实用性和商品化潜质，通过创办小型科技企业提供农业技术咨询、转让和承包，形成了“研究—孵化—推广—效益—研究”的良性循环机制。三是“龙头企业研发产营一体化”模式。江苏悦达集团以协议方式同江苏大学田间管理装备研究院、智能农业研究院等组建研发小组，针对句容农业产业化的技术短板和特定需求，通过引导信誉良好的资金注入、控制研发方向与重点，迅速开发适销对路的技术产品，解决了从科研成果到产品生产及适销的一系列问题。四是“专门针对科技成果难以物化的技术推广”模式。在丘陵地带生长的粮油林茶果等作物的育种、栽培、产田改造等技术成果难以物化，为此，句容市农业农村局开展品牌农业综合开发，在天王、白兔、茅山等地建立越光稻、早川和美人指葡萄、阳光草莓、茅山长青、特色林木等育种、耕作示范基地，极大地促进了科技成果的推广。目前，句容全市水稻优质食味品种应用率达 70%以上，培育本土稻米、草莓、葡萄、林木等知名品牌 30 多个，区域公共农产品品牌逐渐形成。五是“公司+技术中心+投资人+农户”模式。在政策扶持下，句容市道年粮油加工有限公司、众汇农副产品有限公司、高庙茶场粮油加工厂等一批本地企业成为该模式的例子，它们以粮油茶农副品、食品果蔬净菜加工包装等加工业为纽带，前接市场后连农户，带动了农业产业链的前延后伸，同时把广大投资人拉进来，打破了农业科技产业化的融合壁垒，强化了产业融合支撑，形成了利益共享、风险共担的农业科技产业共同体。六是“专业合作社+农户+科技租买”模式。句容积极探索以农户为主体自愿结成经济利益共同体即村级专业合作社，以集体组织担保向外购买或租借所需的农业技术。天王镇戴庄村有机稻米合作社和宝华镇仓头村强民稻米专业合作社采取的就是这种模式，合作社内部实行统一规划生产、统一技术培训、统一标准化生产技术规程、统一供应农资、统一农产品品牌、统一组织产品销售等“六统一”，成立合作社综合技术服务中心，定期到科研单位定制和购买技术服务，缩短了科技产生效益的周期。

（3）积极开展农业科技产业化运行和管理机制创新。一体化经营是农业科技产业化的核心特征，它要求农业科技产业的运行机制必须保证一体化经营的成功实现。根据学界研究，农业科技产业化的运行机制主要包括组织机制、动力机制和投入机制三个方面。其中，组织机制是指农业科技产业化的组织管理方式；企业家的创业精神、农业科技部门改制的推动以及社会和市场对农业科技进步需求的拉动构成动力机制的三大因素；投入机制的优劣取决于能否积极推动和吸引各方面资金、技术和人力资源等要素投入到农业科技产业化中去。① 此外，农业科技产业化的良好运行还需要完善的保障机制。句容市根据农业科技产业化运行和管理机制的基本要素、核心特征和重点要求，积极推动农业科技产业化运行和管理机制的变革与创新。第一，加大农业科技产业化组织协调机制改革力度，制定出台农业技术研发和转化的激励措施，实行“以奖代补”，以“大数据+数字化”搭建资源整合平台，加强市级层面的统筹力度，整合部门涉农资金、资源，建立科研、转化和开发一条龙的信息共享和协同化管理应用体系，围

① 刘信：《我国农业科技产业化发展模式与运行机制研究》，硕士学位论文，中国农业大学，2004，第17-20页。

绕品牌建设，建立完善的农产品检测、管理、考核和服务体系，进一步完善农业科技成果产业化的市场机制。第二，多措并举为农业科技产业化提供源源不断的动力。一是大力培植农业科技企业的企业家精神，从经济法律环境、政策制度环境、社会信用环境、亲清政商关系等方面创设容忍失败、激励创新、尊重企业的商业文化氛围，建立从权利、薪资、声誉等多方面激励企业家的激励机制；二是通过优化供需结构提高本地域居民和企业对高技术附加值农产品的需求程度，提升要素和产品市场对农业科技进步的需求；三是市发改委、工商局、农业农村局、科技局等部门联合推动农业科技产业化体制改革。第三，优化人才、技术、资金等农业科技资源的投入和配置方式，将资源重点分配到能节约稀缺性生产要素和具有高市场价值的新技术上去。为鼓励农业科技人员到生产一线，句容市批量建设乡土人才工作室（其中 6 个为省级工作室），组建起 2100 余人的乡土人才队伍，其中全国劳模 4 人、国家级非遗传承人 2 人、省“三带”人才 20 人，首创了培训链、评价链和保障链一体的“链”式乡土人才成长模式。在资金方面，建立以国有银行和农村信用合作社为主体的技术专项贷款以及乡镇资金自我积累机制，通过社会融资发展开放式农村股份合作制，同时改善投资环境，吸引外商进行农业投资。第四，建立科技成果产业化转化的风险保障机制。为化解农业科技成果转化为生产力的过程中面临的科研失败及来自自然和市场等方面的风险，句容市未雨绸缪，积极构建由政府、企业、合作社和农户效益共享、风险共担的农业科技保险体系，推行风险化解授信、保险担保等制度，仅 2022 年上半年的“整村授信”就新增授信户数 13483 户，金额 41.73 亿元；新增有效授信户数 8392 户，金额 18.51 亿元；新增用信户数 1148 户，金额 1.42 亿元，签出了镇江市首单“大豆玉米带状复合种植保险”，切实提高了科技研发和转化以及农业生产经营环节的风险抵御能力。

3.3 强化学研支撑，积极构建科技创新平台和集成转化模式

“高校科研平台是组织开展高水平基础研究和应用基础研究、聚集和培养优秀高级科研人才、开展学术交流的重要基地，在地方经济转型、区域发展中发挥着重要作用。”① 推动高校科研平台与地方产业对接，有利于推动高校建设，提高其服务社会的能力和水平；有利于推动企业创新，提升企业的市场竞争力；有利于促进产业发展，实现区域经济增长。江苏大学联合多家科研机构和企业等组建多层次立体化的科技基地和平台，创设项目化运作机制和“三来三去”工作方法，探索“基地示范”“数字互联”的农业科技创新集成熟化和成果转化道路，取得了初步成效。

3.3.1 建设多层次立体化的科研平台及其运作机制和工作方法

句容市按照农业农村部“八个一”当中关于科技研究和创新平台的共建任务要求，委托江苏大学联合农业农村部南京农业机械化研究所、江苏农林职业技术学院、镇江市农业科学院、江苏悦达集团、土山土水生态农业江苏有限公司、味特佳食品江苏有限公司、江苏天王有机农业园区建设开发有限公司等主体单位，共同打造“综合（主力）+专门（策应）”“预备+保障”“硬科+软科”等多层次立体化的创新创业平台。这些平台集科技研发、技术展示、成果转化等功能于一体，实施项目化运作，推行“三

① 张萍：《面向地方产业的高校科研平台建设》，《中国高校科技》2016年第9期。

来三去”、专家团队服务等工作方法，逐步摸索出一套适合句容自然环境和社会经济实际的科技平台建设模式。

（1）面向农业科技需求构建多层次立体化的科研平台。在省农业农村厅的指导下，并经过句容市相关部门的统筹协调，江苏大学组建起包括大专院校、科研院所、农业科技企业、家庭农场、种养大户等多家单位在内的三大科技攻关创新平台，即句容市江苏大学丘陵地区农业机械化研究院、江苏大学农业农村现代化研究院和江苏大学田间管理装备研究院。这三个跨部门、跨行业、跨学科、跨专业的综合性平台是句容农业科技现代化先行县示范共建工作中承担科学研究、科技创新和技术攻关的“主力军和先头营”，优先将可转化技术在句容农业高新企业落地孵化。考虑到科技创新和服务是一个整体的系统，江苏大学为保证科技研发和孵化的可持续可落地，还协调相关二级学院和研究院对接家庭农场或种植大户成立草坪研究院、白兔草莓研究院、丁庄葡萄研究园、稻米研究院、火龙果产业研究院等多个专项研究机构，这些专门解决某种农作物或农产品的各类具体技术“卡脖子”问题的专题性科研平台，实际成为农业科技创新和攻关的“小分队和突击队”，对综合性的主力科研平台起到不可或缺的策应补充作用；为保障农业产业化过程中的突发性、潜在性技术需求，江苏大学主动将流体机械工程技术研究中心、智能农业研究院、设施农业工程与信息技术研究院、农产品加工工程研究院、收获装备研究院、中国农业装备产业发展研究院、经济作物机械化研究院等列为农业科技现代化攻坚的“预备役”，以便在突发性技术需求出现时能迅速集结科研力量，保障农业科技研发的顺利推进。此外，江苏大学注重软科学的服务和支持功能，成立了以江苏乡村振兴研究院、江苏大学农业农村现代化研究院和江苏大学新时代“三农”问题研究中心为“头雁”的软科研究平台，江苏大学党委宣传部、科技处、知识产权中心以及产业经济研究院、环境健康与生态安全研究院、管理学院、财经学院、法学院、继续教育学院等单位积极参与，在软科“头雁”的组织下提供与农业产业和农业科技有关的宣传、管理、营销、培训、调研、统计、法律咨询等软科服务，以多层次立体化的平台建设全方位保障句容农业科技现代化行稳致远。这一立体化的平台系统面向句容农业农村现代化和乡村振兴主战场，紧紧围绕智慧农业、丘陵地区农业机械化和智能化、科学育种与精准喷施、新型农业经营主体培训等重点工作，制定了后白稻麦智慧农场建设、茅山茶场智能茶园建设、句容市农民继续教育培训工作等各类工作方案，以及各平台的组织管理和运行规章，在深化校地和校企合作中为句容农业科技现代化和乡村振兴提供了高质量的科技、人才、智力、管理、法治等支撑。

（2）推行科技攻关与创新的项目化运作机制。平台系统以项目化方式推进农业科技向农业产业融合，以及提供农业科技服务和转化。从项目级别上，分为国家级农业科技承担项目、江苏省重点农业科技示范或推广项目，以及镇江市和句容市的重点扶持项目；从项目类型上，分为校企合作科技创新项目、研究院+农场技术需求项目、委托科技攻关项目，以及农业科技产业化示范项目等。目前，三大科研平台正全力开展的项目主要有：江苏大学副校长李红研究员任首席专家的江苏省重点研发计划项目“基于空—地多源信息感知的茶园水肥精准管控技术及装备研发”；江苏大学农业工程学院副院长、田间管理装备研究院执行院长贾卫东教授领衔的江苏省现代农机装备与技术示范推广重点项目“静电喷杆喷雾变量施药机集成创新及试验示范”；江苏大学农业工程学院党委书记金玉成副研究员牵头的江苏省现代农机装备与技术示范推广重点项目“葡萄采摘机器人项目示范及推广”；江苏大学流体机械工程技术研究中心朱兴业研究员主持的江苏大学农业装备学部项目“丘陵山区特色经济作物智能农机装备研发”；江苏大学流体机械工程技术研究中心刘俊萍副研究员负责的江苏省重点研发计划项目“丘陵山区林果业智能高效精准灌溉水肥药一体化关键技术”；江苏大学基础工程训练中心主任、国家水泵及系统工程技术研究中心副主任、中国石油和化工行业泵及系统节能技术重点实验室主任李伟研究员主持的江苏省“一带一路”创新合作项目“基于无人机遥感数据反演的喷灌系统的合作研发及海外应用示范”；等等。此外，葡萄、蛋鸡等 3 个江苏省农业产业体系综合与推广项目基本完工并通过考核，2022 年新增 3 个镇江市农业科技示范推广“1+1+*N*”项目，另有茅山智能化茶场、后白良种智慧农场等多个项目被列入镇江市和句容市政府年度重点工作。以上项目瞄准制约句容农业高质量发展的科技痛点、堵点和卡点，重点围绕宜机化农田附属设施、农情感知系统、智能农机选购、农产品加工基础、智慧管控平台进行建设，开展多学科协同研究，坚持“做中学”。比如，句容市承担了 3400 亩的国家重点示范推广的稳粮扩油项目“大豆玉米带状复合种植”任务，然而丘陵地区“无好机可用”的先天不足问题突出，要顺利完成国家任务，研发制造实用高效的作业机具是关键。特别是共生于一田的大豆和玉米在喷施除草剂除草时形成的“你死我活”关系，使得植保机械必须能够精准喷施。为此，江苏大学田间管理装备研究院聚焦精准化学除草这一制约复合种植的关键卡点，自 2020 年起与四川农业大学等开展联合科技攻关，开发适用于大豆玉米带状间作大规模种植的播种、植保、收获和喷施机具，同农机企业组成技术攻关联盟，边实践边改造。“大豆玉米带状复合种植全程机械化技术集成与推广”项目目前已申报镇江市农业科技推广项目，成为以项目化方式助力农业科技现代化的典型案例。

（3）运用基于供求关系的“三来三去”工作方法。江苏大学等单位将党的群众路线运用到农业科技现代化工作中，坚持科研任务和技术创新“从生产中来、从企业中来、从农户中来”，科研成果“到生产中去、到企业中去、到农户中去”，以来自农业产业和消费市场的需求推动科技研发的集成式创新和科技成果的集成式转化。平台持续派出“科技调研员”跟踪和收集产前、产中、产后的科技服务需求；将合作社和农民在科技上的“急难愁盼”问题作为科技攻关的年度、月度工作重点。三大主力平台借鉴创新农业科技现代化的“戴庄经验”“丁庄模式”，尤其是“亚夫科技工作站”的思路，从平台中选拔高层次、领军式现代农业科技人才组建“科技智囊团”“科技服务社”“科技工作坊”。目前，基于三大科研平台组建的“科技服务团队”“科技服务社”已超过9个，在此基础上，逐步探索出“研究院—科技园—示范基地”的链式科技研发模式和“专家+示范户+农民”等技术推广体系，通过挂职、蹲点、交流等方式，就育种育苗、栽培、病草虫害除治、田间机器作业、大棚智能化管理等提供线上答疑解惑、线下实地演示指导、技术培训和技术帮扶等科技服务，架起科技需求与供给的桥梁。句容市丁庄村是中国国家地理标志产品“丁庄葡萄”的原产地，针对种植大户对土壤改良的技术需求，江苏乡村振兴研究院教师指导农户使用醋糟全园覆盖改良土壤，彻底弃用化学肥料，在土壤方面保证了丁庄葡萄的有机品质。针对设施大棚种植中的虫害防治技术需求，江苏大学田间管理装备研究院会同智能农业研究院、设施农业工程与信息技术研究院等机构，研制绿色防控技术，使用黄板、蓝板、太阳能频振式杀虫灯进行物理防虫；针对大棚的温度控制技术需要，研究院参照北方地区的生产特点，采用2月份进行大棚双膜、单膜和无纺布等多种模式覆盖，以覆盖方式影响地温来调节葡萄上市时间，为农民精确把控葡萄上市时间进而获取更大收益创造了条件。新冠肺炎疫情暴发以来，线下观摩和演示指导无法开展，平台积极从自身队伍中招募技术过硬、科普经验丰富且又乐于和善于开展示范与教学的科研骨干化身“科技网红主播”，通过直播间直播、短视频、视频会议等提供“科技云会诊”服务，目前全市已有600多个农户参与到科技云培训当中。

3.3.2 “基地示范”“数字互联”促进农业科技创新集成熟化和成果转化

相关研究显示，我国目前的农业科技研发的投入和产出都很高，但是科技进步对农业增长的实际贡献率只有50%左右①，相比发达国家60%~80%的水平仍有很大差距。其中的关键原因是我国农业科技的创新集成度和成果转化率不高，科技的创新、转化和运用是一个完整的链条，只有单项技术的突破而没有其他环节的配套和协同，就难以实现科技成果在地化，无法发挥现实效力，也就无法形成现实的生产力。句容市以共建倒逼解决方法，大力实施“基地示范+数字互联”战略，积极探索良种与良法、农机与农艺、工程与农技相融合的具体道路，大大提升了农业科技的集成熟化程度和成果转化效果。

（1）大规模实施基地示范战略。技术集成的基本路线是先在科技链条的某个环节形成单项技术突破，然后将其嵌入科技链条

① 董明涛：《科技创新资源配置与农业现代化的协调发展关系》，《广东农业科学》2014年第21期。

进而促成技术协同，再以集成化的成果进行推广，技术集成熟化包括技术概述、技术创新要点（包括种苗优选优育、栽培、播种、施肥喷灌、病虫防治、温度及环境和生态控制、收割、加工储运等方面）、技术流程、技术示范推广、成效和经验（如筛选出一批机收品种和配套机械、熟化一套技术及其推广网络）等，最后形成技术集成的完整模式（如良种—喷施—高效农机—实用农技—有效推广）。句容市在共建工作中紧扣科技创新集成熟化和成果转化的特点和要求，推进科技创新向经济开发区、农业产业园、家庭农场等科技示范基地聚集，通过示范基地开展科技组装、创新、孵化、集成和转化等方面的试验和示范，使其成为集研发、生产、加工等标准化措施于一体，能够引领和带动整个产业的核心载体。句容市农业科技示范基地建设在数量、级别、类型和效果等方面都取得了重大进展。从数量和级别上看，句容目前已建成玉米大豆带状复合种植机械化生产示范区、戴庄生态农场（主要示范稻鸭、稻渔和稻蛙共作等生态稻田综合种养模式）、后白农场稻鸭共作生态示范基地、白兔镇徐村草莓物联网管理示范基地、白兔徐村草莓示范基地、白兔致富果业、华阳奇果园、丁庄和何庄乡村振兴示范点、后白丰之源梨园等各类科技示范点 60 多个，其中国家级基地 5 个（国家林下经济产业示范基地、全国重点林木种苗产业示范基地、白马农场、唐陵花木、天王有机农业园），草莓、葡萄、茶叶、稻米等省级基地 10 个，粮油、果蔬、苗木、水产、畜牧、草坪等镇江市“1+1+*N*”新型农业技术推广示范基地 4 个、句容市基地 22 个，2022 年上半年新增玉米与青虾省级产业体系示范基地 2 个，另外还有 6 个句容市示范基地正在加紧建设中。从类型上看，句容市农业科技示范基地主要有 3 类：一是农产品加工效益化示范基地。立足农高区应时鲜果、优质稻米、优质茶叶、葛根、果酒等产品基地，规划建设农产品深加工研发、冷链仓储、物流配送等中心，统筹发展农产品产地初加工和综合利用加工，建设茶叶、葡萄等一批区域公共品牌，促进农业生产效益提升。二是茶叶生产机械化示范基地。通过集成茶园农情的空—地多源信息、茶叶生产全过程溯源、茶园无人化作业等技术，构建茶园生产全产业链智慧管控系统，提升茶叶生产全程智能化水平。三是水稻生产智能化示范基地。建设集中连片、设施配套、生态良好的高标准农田，建立以水稻生长状态为中心的耕种管收智慧化作业模式，实现农机智能作业、农资和农产品智慧调度、病虫草害预测预警功能，建立记录农产品从生产、制造、包装、运输到销售全过程数据的农产品追溯系统，并提供跟踪溯源等的全过程智能化管控。四是产教融合示范基地。例如，江苏大学与镇江市草莓协会签订“江苏大学实践教学基地”协议，进一步深化校地合作，让江苏大学把句容作为教学实训的大课堂和产教融合的示范地。从效果上看，这些基地已全面展开新品种、新技术、新模式的引进、试验、示范和技术培训工作，每年引进示范新品种、新技术、新模式 30 个以上，其中有很多已成为农业新品种、新技术、新模式遴选的“田间超市”，以及新型农民培训课堂和农业科技致富样板，极大地促进了句容农业科技创新的集成熟化，成为农业科技成果转化增速提质的关键。

（2）打造“数字化+‘互联网+’”的农业科技集成熟化样本。阻碍农业科技创新集成和成果转化的一大障碍是创新活动“原子化”和科技信息“孤岛化”，为着力解决这一问题，句容市探索“数字化+‘互联网+’”的科技创新管理模式，逐步推广数字化农业装备，发展智慧农业，推动农业科技示范向智能化和数字化纵深发展。一是推进数字化深度嵌入农业科技创新过程。在稻米、茶叶、应时鲜果等种植领域，利用卫星遥感、无人机、地面监测等农情信息获取方法，基于5G网络、云计算等技术，构建天—地—空多源农情信息感知和人工智能算法系统，以实现农作物生长动态监测；根据作物生长所需水、肥、气、热等条件实现农业生产过程智能决策与优化调控，构建农业生产过程智慧管控体系。目前，江苏大学借助数字技术优势，已在后白镇延福村、金山村等地开展农业装备作业状态监测以及基于北斗导航系统的农业装备自动驾驶和无人作业系统的科技攻关，研发推广丘陵地区特色经济作物全程机械化生产智慧管控系统，在农情感知系统、智能农机选购、农产品加工基础、智慧管控平台建设技术方面进行示范，打造“无人化农场”。二是整合现有数字化资源，打造农业信息大数据库。加快构建基础数据资源体系，加快生产经营数字化改造，推进管理服务数字化转型，强化关键技术装备创新和加强重大工程设施建设。提升农业农村大数据建设规范化、标准化水平，加快建成集数据采集、数据管理、数据分析、数据共享等于一体的综合平台。突出行业管理服务的数字化、信息化。支持农业社会化服务组织探索规模化生产、标准化协作的“云服务”模式，完善农田托管、种质资源、物质装备、市场营销、农产品农资供需信息等方面的信息服务能力。鼓励生产经营主体、农业龙头企业、科研院所探索物联网数据对接、数据应用和技术服务方式，提升数据融合共享和管理服务能力。三是以“互联网+”带动行业管理服务的数字化、信息化。“农业科技现代化需要‘互联网+’提升便捷的销售渠道和融资手段，而‘互联网+’也需要农业科技现代化来促进互联网对农业和农村这个巨型消费终端和人民基本生产生活资料行业的渗透，不断扩大互联网的规模和影响。"① 为此，句容市以互联网技术积极融入江苏省农业农村大数据系统，助推"互联网+物联网+农业"创新融合发展，大力推动"苏农云"底层软件平台建设及应用，形成"三农"数据一张网，培育一批数字乡村建设优秀典型。四是推进农村电子商务系统发展。句容市以创建全国电子商务进农村综合示范县为抓手，进一步挖掘农村电商潜力，在全市建立完善支撑电子商务发展的公共服务体系，统筹推进品牌、标准、品控、金融、物流、培训等服务；促进农村电子商务与乡村振兴战略深度融合，显著提升农村流通基础设施和服务水平，完善市、镇、村三级物流配送体系，降低物流成本；建立农村电商培训转化机制，加强创业孵化，推动电商与特色农业、乡村旅游、民俗文化等地方优势产业有机融合，形成农村电商可持续的市场化运营机制，促进农民稳定增收，巩固提升电商乡村振兴成效。

（3）农业科技集成熟化和成果转化效果显著。经过基地示范，句容农业科技集成熟化程度和成果转化效果获得了大幅提升。一是农作物优良品种和知名品牌不断涌现、种植面积不断扩大。截至 2022 年，完成粮油、应时鲜果、蔬菜等新品种示范 60 多个，形成葡萄"H"型和"一"型栽培等新技术 10 多项。水稻优质食味品种应用率达 75%左右，先后在省、市好大米评比中获金奖 5 项、银奖 6 项，培育本土稻米品牌 20 个左右，"越光大米"获评苏米十大创优品牌，"句容福米"区域公共品牌逐渐形成；创成"茅山长青""丁庄葡萄""西冯草坪""戴庄大米" 4 个国家地理标志农产品。二是打造出多个国家级和省级重点科技示范点、孕育出多项科技集成熟化和转化的标志性成果。通过与江苏大学

① 续静静、张劲、程琦等：《三门峡地区农业科技现代化与"互联网+"融合发展研究》，《安徽农业科学》2018 年第 2 期。

等单位合作，打造出国家林下经济、全国重点林木种苗产业、全国早川葡萄标准化生产、全国美人指葡萄标准化生产、茶园全程机械化、稻米智慧农场等多个国家级和省级重点科技示范基地，形成了“有机和生态农业的戴庄经验”“低碳压率再生稻联合收割机”“丘陵山区果蔬茶灌溉装备关键技术与应用”等多项科技集成熟化和转化的标志性成果，其中第三项技术在句容市得到广泛推广应用，促进了葡萄、草莓、茶叶产业的高质量发展，经济效益显著，该项技术已申报2022年江苏省科学技术奖。三是形成了茅山镇葡萄科技综合示范园、天王镇生态稻米示范基地、白兔镇草莓基地等区域性科技集成熟化和成果转化的实践样本。茅山镇利用自身较完备的产业体系，与江苏大学等单位合作开展阳光玫瑰葡萄标准化栽培技术集成、黄金玫瑰和夜色玫瑰等葡萄新品种引选、微型害虫综合诱杀等技术的示范推广，通过“首席专家团+本地推广团+示范户”的科技服务架构，已建立起示范点6个，对接示范户25个，推广阳光玫瑰葡萄种植面积780亩，开展培训380人次、技术指导和培训服务120天次，葡萄出口至东南亚地区。茅山镇也凭借丁庄等优质葡萄口碑获得“中国葡萄之乡”的称号。天王镇重点打造水稻—绿肥（醋糟等）轮作的有机绿色栽培方式以及稻鸭、稻渔和稻蛙共作等生态综合种养模式。经过多年实践，目前天王镇绿色生态水稻种植面积已超2万亩，其中有机稻5000亩、绿色稻4000亩；培育出野山小村、农萱庄、绿谷飘香、那田山水、花果原乡、柔小町、稻鸭米、蛙稻米、南粳46和5055、镇糯19、长农粳1号等30余个水稻知名品牌和优良品种，其中“野山小村”创成省级著名商标，“恒馨”获评镇江市知名商标。天王镇已整体建成绿色优质农产品水稻基地，并创成江苏省“味稻小镇”。白兔镇示范基地的优质草莓种植已超1.4万亩，年产 2.4 万吨，产值 2.5 亿元。白兔镇也凭借徐村等地的草莓产业成为国家农业产业强镇并入选江苏省“农业特色小镇”，享有“中国鲜果小镇”“中国草莓之乡”等美誉。四是示范基地形成了巨大的辐射效应，未来可期。在示范基地的强力带动下，近年来全市示范基地引进的以及消化再创新并集成化投入生产的新品种和新技术的数量都呈跳跃式增长，示范基地与企业、农业合作社和农户签约共同经营的有机农业等农田面积不断扩大，示范园周边出现了绵延几公里的成果辐射带。总之，句容以符合自身实际的科技示范方式促进农业科技成果向生产力高质量转化并努力放大示范效应，走出了“产业发展上水平、农民增收得实惠、科教能力获提升”一举多得的科技集成熟化和成果转化新路子。可以预见，借助“基地示范”等新型渠道，句容一定能实现共建方案中设定的农业科技现代化目标。

3.3.3 实施进村入户工程，打通农业科技推广“最后一公里”

习近平总书记在党的二十大报告中指出，“中国式现代化是人口规模巨大的现代化，是全体人民共同富裕的现代化”。实现农民共同富裕内在地包含了让农民普遍获得农业科技福利的要求，而从技术推广角度讲，农村人口规模大又是农业科技现代化中的一个不利因素。当前，农业科技的应用与推广需要农业科技工作者与农业生产经营者构建相互沟通的良好机制，但在市场作用下，有效沟通机制的构建却常常成为一道难题。在农业科技成果推广中，缺少持续、长效的农业科技支持、服务的机制，最终导致农业科技现代化发展受到一定的瓶颈制约。① 此外，我国农村主要

① 宋洁、王飞：《新时代科技型现代化农业的现状与发展》，《南方农业》2017 年第 20 期。

实行以家庭经营为主要形式的联产承包责任制，“农业生产面广而分散，‘科技入户难’问题较为突出，农业科技成果转化与农业生产实际相脱节”①。句容市在推进共建中，深刻认识中国式现代化基本特征在农业和农村领域中的具体表现，牢牢立足我国农民人口庞大的国情，紧紧扭住实现农民共同富裕这个最终目标，按照农业农村部共建“八个一”政策中关于科技推广的任务要求，认真完善科技推广机构网络，积极建设科技推广人才库，全力推进农业科技进村入户工程。

（1）健全完善科技推广机构网络和人才库。当前我国农业科技推广网络面临着“‘钱紧、线断、网破、人散’的危机状况，自（20世纪）90年代中期以来，全国有近1/2的县级和乡级农业技术推广机构经费缩减或取消。对于我国分解的农户经营吸纳新技术形成严重的障碍”②。为切实解决上述问题，句容着重做好以下工作：一是重建农业科技推广组织系统，赋予其新的生机和活力。目前，全市分别建有县级和镇级农业推广机构10个和11个，其中县级农业推广机构有农技推广人员199人，在编在岗153人、在岗不在编46人；30~50岁人群是主力；具有专业技术职称的161人，其中正高8人、副高48人、中级66人、初级39人；具有研究生、本科、大专、中专及以下学历的分别为17人、98人、56人、28人。镇级农业推广机构有农技推广人员219人，在编在岗139人、在岗不在编60人、在编不在岗20人；具有专业技术职称的130人，其中副高13人、中级64人、初级53人；具有研究生、本科、大专、中专学历的分别为13人、91人、82人、33人。

---

① 蔡金华、吉沫祥、杨勇等：《提高农业科技成果转化率　大力推进农业现代化》，《现代农业》2016年第7期。

② 刘慧：《试论我国农业科技产业化及其基本模式》，《农业现代化研究》1999年第1期。

他们在农业科技成果推广、新技术演示和示范及成果转化等工作中发挥着重要的作用，主要职能是：贯彻落实“三农”工作发展战略，制定辖区内农业农村发展规划，推动农业统计和农业农村信息化有关工作，提供农技、农机服务，负责种植业、畜牧业、渔业、农业机械化等农业各产业工作的监督管理等。此外，他们还承担在所负责区域内为科研平台与镇村、科技与产业、驻村专家与示范户三个“深度”对接服务的工作，积极组织和参与新型职业农民的培训。二是重构人才工作机制，做好人才储备工作。突出强化农业科技人才的内培外引、上调下派工作。眼睛优先向内，从种粮大户、高素质农民中选调“本地产”的全、兼职乡土科技推广人才，加大与在句高校院所的互动，根据农业生产和项目需要，由江苏大学等单位为句容农业科技人员、家庭农场经营者、合作社带头人、新型职业农民等提供形式多样的技能培训；句容则选派科技和管理人员到江苏大学进行合作研究、学习深造，开展乡土人才的“定向培训”“学历提升”和“家门口访学”。同时不忘眼睛向外，加强区域间引智，因地制宜制定出台各类人才招引措施，积极吸引包括大学毕业生在内的外来人才，与江苏大学整合资源，联合引进海内外高端人才，加强与德国、荷兰、奥地利、以色列、日本等国际人才的合作。通过不断发力，一心扎根农村、真心服务农民的实用型科技人才队伍和具备农业科技现代化素养的新型职业农民队伍已初具雏形。三是建立科技工作站所，加强科技和技能培训。与南京农业大学、江苏省农业科学院等合作，成立农产品加工研究中心、乡土树种研究所、茶博士工作站等教科研站点；开发“农技耘”地方频道，建成省级农业产业技术示范基地 9 个、市级“1+1+N”新型农业技术推广项目 5 个、县级农业科技示范基地 10 个；每年组织农技推广人员进行知识轮训，开展青年农场主、高素质农民、农业职业技能、乡镇农民等培训5000人次以上，培养了一批生产一线农村致富带头人成为实训讲师，每年财政投入400万元农业科技专项资金，对获省级以上农业科技计划立项资助的项目，按1：0.5配套经费。目前，句容已参与上级各类项目100余项，引进新技术80余项、新品种60余种。同时积极申报省市农业科技项目，形成了一批有竞争力的自主专利和产品。在综合措施的作用下，句容农业科技进步率已接近70%。

（2）全力推进农业科技进村入户工程。句容市和江苏大学等科研单位围绕丘陵机械、高效设施农业、新农人带动示范等环节，结合省级农业现代化先行区、产业强镇等基地创建全力推进农业科技进村入户。一是扎实推进科技入户、建立现代农业产业技术体系等科技示范工作。落实科技帮扶机制，确保每个行政村都有一个教学科研单位提供科技支撑，每个重点涉农主导村都有一名科技专家联系到村、服务到户，全市76个涉农村“一村一所”覆盖率100%。以需求为导向开展农技人员进村入户指导，精准定制培训方案，精心设计培训课程，尊重农民学习特点和生产规律，以方便农民、实用管用为标准，更多地把培训办到农业生产一线、农民家门口。每年围绕粮食、园艺、渔业等主导产业，遴选200~500个农户作为科技示范户，公开选聘农业技术人员担任技术指导员。围绕主导产业，每年推广10个以上新品种和15项以上新技术新模式。二是搭建“互联网+”农业信息化平台助力科技推广。协同江苏农业科技服务云平台，对接“农技耘”APP，开发了“农技耘—句容”频道，聚焦句容农业，为本地用户提供精准信息服务，推动农业高质量发展，助力句容乡村振兴。目前，“农技耘”APP用户稳定在5000人左右。打造现代农业推广队伍建设平台。按照“懂农业、爱农村、爱农民”的要求，继续深化校地合作，加快实施基层农技人员等现代农业人才队伍建设。实施农业人才定向培养工程。对新型农民按需分别开设涉农成人教育大专班和本科班，通过“半农半读”、灵活学制教育，实施了培育10名定制村官、20名农技专业人员、300名新型农民的农村“123”人才培育工程，提升了全市农业人才的学历层次、技术等级。三是建设“农技推广人员创新工作室”。坚持以合作为重点，联合农民合作社、农业龙头企业、涉农院校等各种资源，打造全产业知识技能链条，广泛建设农民田间学校和实训基地。为充分发挥各级劳动模范、专业型党员干部的指导带动作用，通过以老带新、以强扶弱的优化组合方式，在全市农业、林业、畜牧、园艺、水产等5个产业建立了“农技推广人员创新工作室”。建立农业大数据中心，将农产品质量安全监管、农药基础数据、新型农业经营主体和重点农产品市场信息等纳入综合信息服务平台，运用信息化手段并通过“田间科技课堂”“现场观摩示范”等形式解决新农业科技学习和使用中的问题及各类技术“疑难杂症”。四是开展基层农技人员培训。通过组织农技人员参加省级研修、市级集中办班和现场实训等方式，加快他们的知识更新，提高他们的业务素质和服务能力。根据县镇对农技人员的不同需求，分期分批开展培训，每年组织120名左右基层农技推广人员赴高校进行轮训，轮训后借助科技驿站、科技书屋、教室和图书馆、科技诊所等场所推广新科技，组建科技志愿者服务团队，开展“送检下乡”便民服务。五是完善科技特派员工作机制。拓宽科技特派员来源渠道，实现科技特派员科技服务和创业带动全覆盖；完善优化科技特派员扶持激励政策，持续加大对科技特派员工作的支持力度。引导科技特派员与新型农业经营主体合作，针对农业产业链关键环节和瓶颈问题，开展科技创新和成果转化，提升农业科技服务水平。

3.4 完善载体和服务方式，保障农民深度参与农业科技现代化

一方面，农民是农业科技现代化和乡村振兴的最后一站，农业科技现代化成效如何，农民最有发言权。另一方面，农民也是农业科技现代化和乡村振兴的最基础也是最有实践活力的主体力量，而不是旁观者和机械被动的接受者。"只有把农业科学知识传授给直接进行农业生产活动的劳动者，使操纵生产工具的农民的技术知识和技术才能与生产工具的技术水平相适应，才能使科技变成现实的生产力。"① 为此，必须创造各种渠道、载体、组织形式和工作机制，保障广大农民深度参与到农业科技现代化实践中来，在参与中长知识、开眼界、提素质、增本领。

3.4.1 架设农民参与农业科技现代化的多元一体式载体系统

句容充分利用国家现代农业示范区、国家农业科技示范区核心区、全国主要农作物生产全程机械化示范市、全国农村创新创业典型县、国家农村产业融合发展试点示范县、全国农作物病虫害"绿色防控示范县"、国家农业综合标准化示范区、国家级生态示范区等国家级示范平台的政策，通过大力实施土地向龙头企业、农民合作社、家庭农场流转来创建农业产业和科技示范基地，走"龙头企业连村社带农户"的经营道路，培植"园—企—社—场—室"多元一体的渠道和载体系统，构建以园区为阵地、以龙

① 李培庆：《中国农业现代化的关键是农民素质现代化》，《华侨大学学报（哲学社会科学版）》2000 年第 2 期。

头企业为核心、以合作社为舞台、以家庭农场和农户为基础、以科技工作室为纽带的紧密型现代农业科技产业化联合体，有效提升了农民参与农业科技现代化的程度。

（1）把农业科技产业示范园建在村头田间，做给农民看、吸引农民干。“农业科技创新不仅是生产活动，同时是一种经济活动，农业在三大产业中处于基础地位，政府和企业都应当在不同的农业技术领域成为农业科技创新的主体。”① 句容在共建中开动脑筋，充分依托农业科技产业园这个阵地，引导和激励园区主体苦练内功做好本分，真正让农业科技成为生产经营的第一要素、成为第一生产力，以实实在在的利润和业绩吸引农民加入农业科技现代化的时代洪流。以天王镇为例，该镇现有天王现代农业和天王苗木 2 个省级农业产业园。其中，前者面积为 12890 亩，种植业占地 12800 亩，几乎覆盖全镇所有稻产区，实现亩均效益 8000 元以上。园区入园企业超过 16 家，总产值 3.5 亿元以上。产业园辐射全镇每个村庄，以“良种+良法+产业化”为抓手，以提升稻米产业基础设施、物资装备为重点，以稻米产品深加工为关键，以共同致富为目标，着力增强稻米产业市场竞争力，提升稻米产品产出率，提高稻米产品产出效益，强化新品种和新技术的推广应用，引进培育龙头企业拉动优质稻生产，做强做大有机稻米产业，不断提升全镇稻米产业生产水平、绿色发展水平、产业化水平和深加工能力，为农业科技现代化打下了坚实的产业基础。园区加强农业新技术的引进、集成、运用、转化，努力成为科学研究试验田、技术示范样板田、职业农民观摩田、生态农业模式田、农业决策参考田的科技创新转化示范基地。园区以提升有机

① 任秀梅：《我国现代农业科技创新现状及对策》，《西南石油大学学报（社会科学版）》2013 年第 5 期。

水稻主导产业发展水平为重点，积极打造优势主导产业全产业链，在有机水稻生产模式、管理运行模式及科技成果转化模式等方面积极探索，成为有机水稻产业发展的榜样。由于园区就在农民的家门口，这就相当于将新技术、新业务、新方法免费推送到各村各户，周围农民从在园区就业、与园区经济交往、为园区代理产品等过程中亲身感受到科技在提升农作物产量、选育新品种、提高产值和利润等方面的巨大作用，学习到了先进的农业技术和农业管理经验。通过园区的示范和吸引作用，全镇有机农业技术应用面积大幅增加，有机农业生产技术得到普遍应用，带动周边100多户农民从事相关产业，并且园区实现了生态发展、绿色发展，从事有机、绿色农业的企业增加5家、合作社增加7家、家庭农场增加40余家，带动农民增收2000余万元。

（2）实施“龙头企业连村社带农户”战略，带动农民做。各类国家级农业示范区、农业高科技园以及农村土地流转促进了句容涉农企业的发展，进而带动提升了农业科技现代化的水平。目前，句容有天宁香料（江苏）有限公司、句容市东方紫酒业有限公司、江苏新顺福食品有限公司等多家江苏省级农业龙头企业，拥有镇江万山红遍农业园、句容市粮油购销总公司、江苏山水环境建设集团股份有限公司、镇江市恒庆酱醋食品有限公司、句容市红掌食品有限公司、江苏苏南药业实业有限公司、句容市仑山湖生态卤制品有限公司、江苏盛禾资源环境科技有限责任公司、句容苏润米业有限公司、句容市西溧生态农业有限公司、江苏水木农景股份有限公司等20多家句容市级农业龙头企业。句容在共建中实施“龙头企业+合作社+农户”产业科技战略，让农民在跟着企业增收致富的过程中主动采用新技术、新工艺和新机具。发挥龙头企业的深加工优势、合作社的组织销售优势、农户种植生产成本低的优势，一方面农民把土地流转给农业企业后获得土地流转收入，另一方面农民就地打工获得进园入企的打工收入，目前句容市农民的此项收入在人均4000~15000元之间。推广订单农业，促进农民增收。句容恒庆酱醋食品有限公司、恒馨米业加工厂与农户签订订单农业10000亩，园区农民年人均纯收入32000元，高出当地农民人均收入43%以上。天王镇产业园也以增产增收带动农民参与农业科技现代化的热情。唐陵花木交易市场有限公司等17家国家和省市级的农业产业化龙头企业坚持“姓农、务农、为农、兴农”原则，突出发展有机绿色稻米主导产业。大力拓展农业多种功能，增强发展内生动力，提高农业质量效益。进一步探索完善农民分享二三产业增值收益的机制，延长产业链，提升价值链，完善利益链。大力推进农企高阶合作，由产品简单买卖转为契约合作，由企业独享红利向与农户共享转变，农户分享各环节的增值收益，大大拓宽了农民的增收空间，富裕的腰包则激励了农民学科技、用科技的积极性。另外，龙头企业积极“争取外援”，与外企联动，提升企业科技硬实力，例如土山土水生态农业江苏有限公司与美国知名企业霍尼韦尔科技公司共同建立智慧农业基地，目前已经实现了自动灌溉、物联网+大数据分析，有效地降低了企业的人力成本并实现了智能化管理，今后企业将实现手机智能控制生产和管理全流程。这些外来企业的“高大上科技元素”在家门口的本地化中大显身手，让农民大开眼界，进一步激发了他们融入农业科技现代化事业的积极性。

（3）强化村社协同，吸引农民在合作社中大显身手。“实现农业现代化基础是农业经营、组织制度的现代化。”① 习近平总书

① 洪银兴：《以三农现代化补“四化”同步的短板》，《经济学动态》2015年第2期。

记 2020 年在吉林考察时强调，“农民专业合作社是市场经济条件下发展适度规模经营、发展现代农业的有效组织形式，有利于提高农业科技水平、提高农民科技文化素质、提高农业综合经营效益。要积极扶持家庭农场、农民合作社等新型农业经营主体，鼓励各地因地制宜探索不同的专业合作模式”。合作社不仅仅是市场经济条件下小农经营模式实现农业现代化的必由之路，更是实现农业科技现代化的组织依靠。“戴庄经验”提供了以合作社推进农业科技现代化进而赋能乡村振兴的新时代样板，合作社是产学研用的结合点，实行“两委+合作社+专家+农户”的多元主体和“科技+市场+社企”的复合要素模式，以及统分结合、生产在家、服务在社和“六个统一”（统一生产布局、统一技术培训、统一标准化生产技术、统一农资供应、统一产品品牌、统一产品销售）的运行机制。句容市借力共建契机在全市推广“戴庄经验”，以利益、归属、赋权等吸引更多农民加入合作社，大幅增进农民对农业科技现代化的认知深度、培训强度、参与力度和受益程度。仍以天王镇为例，该镇拥有农民专业合作社 138 家，其中戴庄有机农业专业合作社为国家级农民合作示范社。在上级支持下，镇政府助推各类新型农业经营主体建立产业联社，引导抱团发展、组团突破，重点推广村党支部领办合作社，发展同业、同域、同链的合作联社，申报国家级示范社 4 家，扶持 4 家农民专业合作社开展能力提升建设。合作社以农民需求为本，构建高校支持的科技服务体制，组建“营农指导员”队伍，推广“农业产业化和科技使用示范户”工程，建立定期评选农业科技现代化榜样村、示范户等制度，鼓励榜样村和示范户率先将新品种、新工艺、新机具用于发展绿色和生态稻米产业，把学习到的新种植技术和销售模式教给更多农民，带动更多农户发展稻鸭（虾、蛙）共作、稻田绿肥鹅（羊）等多种生态循环种养模式。经过多年实践，天王镇合作社入社农户达到全部农户的97%以上，稻米种植户入社率达到80%以上。在今天的天王镇，合作社已成为农民学科技、用科技、展示农业科技现代化的大舞台。

（4）大力兴办家庭农场，让农业大户和新型农民大有作为。句容市通过政策鼓励、资金倾斜、专家支持等手段，引导广大农民和外来人才创办家庭农场，因地制宜，规模适度，鼓励典型，着力引导发展一批新型家庭合作农场，强化家庭农场指导服务扶持，提高家庭农场经营管理水平和示范带动能力，全力支持农场走产学研相结合的发展路子，激励家庭农场采用新技术、新品种和先进装备，开展产地初加工和主食加工，开展绿色食品、有机食品认证和品牌建设，提升标准化生产能力。以农场为依托，大力发展数字化、智能化、生态化农业。一是积极发展农产品电子商务。各乡镇建立了2000~10000平方米的电商城，吸引各类电商企业入驻，为返乡农户创新创业提供平台，实现越光米、有机醋、有机米酒、美人指葡萄、阳光草莓、茅山长青等“网红产品”的网上销售。此外，利用成熟的第三方电商平台，在淘宝、微信上开店设点，将“野山小村”有机米、丁庄葡萄等远销至内蒙古、广东乃至出口东南亚和中亚等地区。镇政府积极主导，牵头建成集线上支付、线下体验和展示为一体的O2O电商公益平台，成立“原味原乡+”淘宝店，整合域内资源，推介句容各乡镇优质农产品。二是积极发展数字农业。依托农业产业园、农业龙头企业、大型农场和种植大户推广数字农业。各类园区的物联网智能检测系统项目实行点面结合，通过设施农业和相应设备，大数据采集、传输，数据库构建，数据模型构建，形成智慧农业系统的有机整体，引导示范园农业内部资源优化配置和三产融合协调发展，实现服务农业、指导生产的目标，最终实现农业生产的现代化建设。三是建设智慧农场。各乡镇农业龙头企业和示范农场积极获取上海等地以及江苏大学、江苏科技大学等科研院所的技术支持，聘请赵亚夫等农业专家担任顾问，建设白兔草莓、土山土水生态农业、茅山茶博园、白马农高区、后白等智慧农场，大力示范“生态循环技术”“麻育秧膜技术”“水稻病虫害生物防治技术”“米糠控草增肥技术”“水池育秧技术”“稀植技术”等新科技，推广良种繁育、有机生产和产品、全程机械化和自动化等产业和技术标准与规范，使这些农场不仅成为农业科技示范的前沿阵地，也成为农户和农民在农业科技现代化事业中大显身手的地方。此外，句容市完善家庭农场名录管理制度，组织开展家庭农场典型案例征集和表彰，加大优质家庭农场示范力度，宣传推介优秀家庭农场主，开展“新农人”培训和“最佳农场”“最美农民”等评选活动，为新型高科技农场鼓气，为敢创业、懂科技的高素质农民叫好，成立2家“青年农民党员之家”，拍摄乡村振兴系列纪录片《大米进城》，有1人获评“全国农村青年致富带头人”，为大众创业、万众创新以及农民投身农业科技现代化营造了浓厚氛围。

（5）广泛建立科技工作室（所、市），带领农民参与农业科技现代化。句容市放大“戴庄经验”和“亚夫精神”，推广“科技工作室”模式，在全市广泛建立“亚夫式团队工作室”“乡土人才工作室”“科技超市”“科技诊所”等农业科技体验点、培训点、观摩点、演示点和实战点，依托合作社打造“合作社+工作室”“合作社+科技诊所”等渠道，推动全市“一村一所（室、市）”建设覆盖率达到95%以上。一是打造“亚夫工作室系列品牌”，巩固一代、培育二代、酝酿三代。“亚夫团队工作室”于2018年在戴庄村成立，由赵亚夫担任总顾问，包括江苏大学、镇江市农业科学院等的33名农业专家，形成了“亚夫团队工作室+地方分室+农业专家+乡土人才+种养大户”的组织体系。工作室以加强人才队伍建设、有效实施乡村振兴战略为目标，培育新型职业农民、推广农业绿色高效技术、推动产学研合作、提高农业科技化水平。工作室每年开展10余次科技合作，培养新型职业农民10个以上，引进和推广新品种、新技术、新方法40个以上。目前，已培育农村科技人才1200名，为句容100多个村合作社、45万名农民提供技术支持。在工作室原型的基础上，2020年江苏省农业科学院启动亚夫科技服务体系建设，遴选亚夫科技特派员、组建亚夫科技服务连锁站，打造“亚夫科技工作室系列产品”。此外，加强亚夫精神和工作的代际传承，以“亚夫精神”感召更多青年投身农村。毕业于南京理工大学等高校的汪厚俊、王忠立、万春燕、姚伟超等38名新农菁英发起成立“亚夫团队工作室科技兴农青年集体”，以农技专家领衔、新农菁英为主力，致力乡村振兴，在赵亚夫的指导下，形成“亚夫团队工作室+青年团队+青年专家+青创人才”的组织体系，为100多个农业合作社提供技术支持，在全国推广农业“三新”面积30万亩，惠及4万余农户，助农增收近30亿元。二是以“乡土人才工作室”带动乡土人才“破土而出”。目前，句容拥有6个省级乡土人才大师工作室，涉及花卉苗木栽培、葡萄栽培推广、茶叶种植与茶艺等农业领域；1家省级乡土人才传承示范基地，其中34人入选江苏省“三带”人才，3人入选国家级非遗传承人，1人入选“大国非遗工匠”，借助“乡土人才工作室+链式培养”模式，为句容培养和带动乡土人才共2100多人。各级工作室选取高层次、领军式乡土人才作为高素质农民培育导师，组建“把论文写在大地上”的专家团队，建立高素质农民教育培训、规范管理和政策扶持“三位一体”培训体系，建立学历教育、技能培训、实践锻炼等多种方式并举的培养机制，开展致富带头人培育、乡村人才定制培训，鼓励新型经营主体带头人借助乡土人才工作室参加职称评审、技能等级认定。

3.4.2 发挥“全程机械化+综合农事”对农民的吸纳作用

农业农村部推广的“全程机械化+综合农事”工程代表着农机服务模式与农业适度规模经营相适应的方向，符合促进小农户与现代农业发展有机衔接的要求，对创新引领农机社会化服务提档升级、促进粮食生产能力和农业生产质量提升、实现服务中心与小农户有机衔接、增加农民收入等方面具有积极作用。句容市一方面围绕实施农机两大行动，推动全市农业产业全程全面机械化创建；另一方面积极将农业科技现代化嵌入“全程机械化+综合农事”过程，通过发挥“全程机械化+综合农事”对农民的实质性吸纳作用，加快农机新装备、新技术和农机服务体系在广大农村的推广和建设。2021 年，句容市成为江苏省农业生产全程全面机械化示范县；同年，句容市首个“全程机械化+综合农事”服务中心即句容市强民“全程机械化+综合农事”服务中心成功入选全国典型案例。

（1）明确服务中心的功能定位，多元示范，长远规划。句容市认真践行“学亚夫、做亚夫——把成绩写在大地上”先锋行动，在宝华镇、天王镇等地建立“全程机械化+综合农事”服务中心示范基地，加大对适应句容地形地貌和产业特色的农业机械的研发力度，以机械化扩大宜机农业种植面积，加大对农机科技创新和农机专利的保护力度，推广新农机，引导鼓励更多村社、种粮大户和个体农民加入“全程机械化+综合农事”服务中心。以服务中心为“蓄水池”，汇聚四面八方的资金、人才和技术。

通过高效集约利用农机以及农事打包和数字化管理，最大限度地降低生产成本、提升农业生产价值、保障土地收益最大化。加强市级层面统筹力度，有效整合部门涉农资金、资源，根据各镇村农业产业发展规划，利用有限的财政资金，集中支持有条件的镇村发展一批立足本体、突出特色的服务中心品牌。以服务中心为依托，大力发展订单式农业产销模式，不断促进农业生产经营方式转变，推动小农户同全程机械化及现代农业产业有机衔接，实现农机现代化和多业态融合发展。积极培育农机社会化服务新主体、新模式、新业态，提升农户和农民参与服务中心的积极性和实际效果，开辟全市农业“规模化生产、产业化运作、机械化服务、科技化引领”的发展新路径，以持续实现农业增效、农民增收、农村发展、科技提升，为乡村全面振兴、保障粮食安全、促进农业科技现代化做贡献。为解决合作社和服务中心的农机改进难、维修难、维修贵、零件供应不足、维修渠道单一（过分依赖经销商的售后服务）等难题，句容市出台政策，探索建立政府主导的农机零配件供应中心，以合作社为中心划定农机维修服务半径，组建农机维修服务专家团队，开展“订单式农机研发”“送检修下乡”等便民服务，提高新型农机研发、农机改进更新以及维修的及时性和有效性。例如，戴庄村在发展再生稻过程中面临传统收割机碾压率高的技术难题，江苏大学亚夫智能农机创新服务团为其定制了低碾压率再生稻联合收割机，使得对稻田的碾压率降低到了20%以下，提高再生稻产量25%左右。目前，句容市的拖拉机和联合收割机年检率都为86%以上，居镇江市首位。在以上工作打下的坚实基础上，句容市力争“十四五”期间新增省级“全程机械化+综合农事”服务中心4个、市级“全程机械化+综合农事”服务中心15个、特色农业机械示范基地9个、智能农机装备应用示范基地 1 个，逐步形成配套齐全、全程作业、服务全面、便捷高效的农业社会化服务体系，有效促进农业增效、农民增收、农村发展，为助力全市乡村振兴做出新贡献。

（2）培育地方样板和典型，积极探索“全程机械化+综合农事”的微观样态。“要实现农业科技现代化，就必须首先实现农业生产技术科学化，提高农业劳动生产率和农产品质量，用集约化经营模式使农业获得持续增长，实现农业科技现代化。”① 为破解“谁来依靠科技种地”“怎样依靠科技种好地”这一长期困扰农业发展和农业科技现代化的问题，句容市通过打造宝华镇仓头村强民稻米专业合作社这一典型和样板，开展“全程机械化+综合农事”服务的地方实践，探索“延伸一条龙农机服务链，拓展一站式综合农事服务”的具体路径。于 2012 年由村“两委”创办成立的强民稻米专业合作社是强民“全程机械化+综合农事”服务中心的组织基础，该社现有入社成员 443 户，采用“村社合作”运营模式，村委干部到合作社交叉任职的占 60%以上。拥有可用于机械化作业的集中成片和规模化耕地以及综合农事的启动资金是服务中心运行的基本前提，为此，仓头村积极扩大土地向合作社流转的面积，通过多种渠道筹措启动资金。仓头村通过宣传戴庄等村的合作社经验、组织参观示范合作社，让更多农民看到专业合作社给农民和村集体带来的实实在在的利益，促使农民自愿把土地流转到合作社；另外，发挥合作社中村“两委”党员干部的带头作用，以借、筹、投等多种方式向合作社入股，村干部和村民最初入股注入合作社股金池的 300 万元成为仓头村强民“全程机械化+综合农事”服务中心的基本资金来源。经过精心建

① 续静静、张劲、程琦等：《三门峡地区农业科技现代化与“互联网+”融合发展研究》，《安徽农业科学》2018 年第 2 期。

设，服务中心现拥有各类农业机械 68 台（套），固定资产 500 多万元，建有 2700 多平方米的“两库两间两室两中心”和 1 条标准化粮食烘干、储藏、精米加工包装生产线，拥有种类齐全的粮食生产耕、种、收、植保、烘干等全程机械化装备。通过“全过程托管”与“单环节托管”相结合的方式，服务中心为本村和周围镇村的水稻、小麦、玉米等“米袋子”作物和大豆、油菜等“油瓶子”作物的耕种收、喷施、除草、烘干、运储、初加工等提供机械化服务，解决了诸如添置大型烘干机等一家一户做不了也不愿做的机具采购难题以及新技术“使用贵、使用难”的问题，而且在机械化、智能化生产过程中大大促进了土壤深松、工厂育秧、精量直播等绿色高效新技术的转化和应用，更重要的是，在服务周边农村集体和农民的同时也极大地增加了本村社和农民的服务性收入。在成立服务中心前的 2020 年，仓头村集体总收入为 150 万元。强民“全程机械化+综合农事”服务中心成立后，经过近两年的发展，合作社已初步闯出一条农机社会化服务全覆盖、适度规模经营的新路子。借助这条道路，目前合作社承包流转土地面积已超过 1100 亩，农机年累计作业面积达 26000 亩，全程机械化及综合农事服务带来的村集体年收入达 300 多万元，比 2020 年增长 1 倍，农户收入也增长 15%以上。服务中心不仅直接带来了村集体和农民个体收入的增加，而且在农业现代化中起到了巨大的引领作用。目前，该中心已示范带动 6 个新型农业经营主体，辐射 1700 户农户，推广服务面积达 11037 亩。“文学家庭农场”场主陶文学就是在村合作社和“全程机械化+综合农事”服务中心的扶持带动下成了新型职业农民和远近闻名的“种粮达人”，生动体现了“全程机械化+综合农事”这一以农机为载体的农业生产托管形式的突出优势和发展前景。

第4章　落实共建方案的“五位一体”工作机制

推进农业科技现代化先行县共建的句容—江苏大学工作方案，体现了“坚持党政齐抓，形成共建主心骨；以产业化方式输出科技及其创新需求；强化学研支撑，探索合作共赢的平台和渠道”的特点。方案能否落到实处，关键在于是否具有切实可行的工作机制，句容市和江苏大学在实践中探索出了落实共建方案的“部省县协同+小组负责制、重点任务制、科技服务团队制、供需联络对接制、科技攻关项目制”的“五位一体”工作机制。

4.1　部省县协同+小组负责制

农业科技现代化先行县共建是一项系统工程，需要部省县的协作。农业农村部科教司在农业科技现代化先行县共建过程中发挥着统一规划、统筹推进的作用；省农业农村厅对全省的农业科技现代化先行县共建工作进行协调沟通；农业科技现代化先行县则负责具体工作的组织、落实。

4.1.1　以部省县协同为保障

农业农村部科教司已成立先行县共建领导小组，科教司司长担任组长，副司长担任副组长，其他司领导和各处长为小组成员，统筹推进全国共建工作。江苏省农业农村厅科教处、句容市、江苏大学都有一名领导负责这一工作。江苏省农业农村厅先后成立先行县共建工作领导小组和推进工作小组，有7位处长分别负责联系共建县和技术支撑单位，建立专家顾问组、技术保障组、宣传报道组，定期开展巡回指导和典型宣传。共建工作领导小组组织专题研究，加强督促指导，要求各县分类探索农业现代化发展模式、政策体系和工作机制。句容市、江苏大学成立了领导小组，由句容市市长、江苏大学党委书记牵头，专人负责，积极推进共建工作。江苏大学田间管理装备研究院执行院长贾卫东研究员挂任句容市副市长、科技镇长团团长，全面推进农业科技现代化先行县建设工作。

第一，农业农村部科教司加强对农业科技现代化先行县共建的督促指导。

农业农村部科教司每年组织一次先行县共建工作交流培训，各共建县分享共建经验，解决存在的问题。农业农村部科教司制定了分省包县方案，共设置了 26 个包县联络小组进行具体的协调工作。科教司干部每人负责联系 1～3 个县。司内公务员年终考评要汇报先行县调研指导情况。

第二，部省县加强政策支持。

农业农村部利用好国家推动农业农村现代化的相关政策，整合科研院所、涉农高校向先行县倾斜。同时积极争取增量资金投入，引导和带动社会资本、金融资本等支持先行县发展。江苏省有着较为丰富的农业现代化先行示范区建设经验，在已有经验的基础上，江苏省积极创设政策、统筹项目，加大对共建县的支持力度。在句容市与江苏大学共建先行县合作期内，句容市提供必要的空间相对独立、功能设施较为完备的办公场所；统筹项目资金 3000 万元，用于全国农业科技现代化先行县建设；安排 600 万元作为句容市江苏大学丘陵地区农业机械化研究院、江苏大学农业农村现代化研究院的运行经费；在建设全国农业科技现代化先行县过程中，涉及相关项目需求、平台建设、人才培养等方面，在同等条件下，优先与江苏大学合作。

第三，注重压实各方责任。

江苏省农业农村厅统筹全省共建工作，建立了定期会商协调机制，并且深入一线，调度督导工作进度，及时总结有关情况。2021 年 11 月 9 日，江苏省农业农村厅科教处四级调研员黄银忠、张怡来句容督导调研全国农业科技现代化先行县共建工作。调研组参观了句容市白兔镇徐村草莓基地、后白良种场稻麦基地，江苏大学、句容市农业农村局相关领导分别就先行县共建工作情况进行了专项汇报。江苏大学整合项目、人才资源，发挥横向合作技术力量作用，长期持续支持句容市发展。句容市举全市之力推进共建工作，把共建任务完成情况列入相关职能部门和人员考核范畴，把共建工作纳入本市经济社会发展规划，列入党委政府工作日程。

第四，适时适度宣传。

共建工作起步并出现成效后，及时总结经验，分阶段开展典型宣传，营造共建工作良好氛围。农业农村部科教司印发了科教动态，在全国农业科教云平台开设专栏，加强信息交流与共享。此外，设定考核指标，对 72 个县及对口单位的工作进行综合评估。截至 2022 年 9 月底，句容市和江苏大学共推出 31 期农业科技现代化共建工作简报，及时总结、推广共建经验。对外，通过央视新闻（5 次）、省农业农村厅（2 次）、荔枝新闻（4 次）、学习强国（50 余篇）等媒体平台和镇江市、江苏大学、句容市的电视、网站、公众号、视频号对句容市最新的乡村振兴和“三农”工作动态开展广泛宣传。

4.1.2 由工作小组负责落实

句容市具有得天独厚的地理优势、优良的农业产业发展基础、成熟的示范区建设经验以及良好的农业科技服务与管理模式，能够充分发挥先行县建设主导作用，联合江苏大学开展现代农业科技创新。句容市成立了农业科技现代化先行县共建领导小组，由市委、市政府、江苏大学相关负责人担任组长，市农业农村局、财政局、科技局、商务局、国家科技园区等部门为成员单位。句容市委副书记、市长周必松担任领导小组组长，市委副书记、二级调研员贾云亮和副市长徐飞担任领导小组副组长。领导小组成员有：市政府办主任、市委办副主任，市委组织部副部长、老干部局局长、离退休干部工委书记，市委宣传部常务副部长，市农业农村局局长、市委农办主任、市乡村振兴局局长，市财政局局长、地方金融监管局局长、国资办主任，市发改委主任，市科技局局长，市商务局局长，镇江国家农业科技园区管委会主任，市市场监管局局长，镇江市句容生态环境局局长，市住建局局长，市水利局局长，市文体广电和旅游局局长，市教育局局长、市委教育工委书记，市卫健委主任、人民医院党委书记，市交通运输局党委书记，市人社局局长，市自然资源和规划局局长，市民政局局长，市司法局局长，市工信局局长，市科协主席，市融媒体中心主任，下蜀镇镇长，茅山风景区管委会主任，宝华镇镇长，边城镇镇长，白兔镇镇长，茅山镇镇长，天王镇镇长，后白镇镇长，郭庄镇镇长，华阳街道办事处主任，黄梅街道办事处主任。领导小组下设办公室，办公地点设在市农业农村局，负责领导小组日常工作。建立了由市农业农村部门牵头抓总，市、校相关部门协调配合的强化责任落实和考核评估机制。建立了领导小组决策议事机制、定期观摩现场推进制度，引导查找薄弱环节，强化工作措施，提升规划实施成效。围绕先行县共建方案，细化实施细则、步骤进度、工作举措，明确责任分工，量化工作指标，责任到人。

江苏大学依托江苏省优势学科农业工程、新农村发展研究院（由科技部和教育部联合批准设立）、江苏乡村振兴研究院等的人才科技优势，围绕句容农业高质量发展需求，为句容市先行县建设提供规划咨询、装备研发、集成示范、成果转化、主体培育、产业发展、人才培养等人才科技支撑。江苏大学党委书记袁寿其任句容市农业科技现代化先行县共建工作组组长，亲自谋划、亲自部署、亲自推动共建工作。江苏大学田间管理装备研究院积极主动作为，承担共建任务，联合校内外涉农单位组建专家服务团队，协同推进共建工作落实见效；严格执行例会制度，充分协调运用好校内资源。参与共建的校内部门有：农产品加工工程研究院、汽车与交通工程学院、宣传部、继续教育学院、中国农业装备产业发展研究院、管理学院、环境与安全工程学院、流体机械工程技术研究中心、马克思主义学院。

句容市和江苏大学明确细化了共建任务，将工作下沉到基层、落实到一线，不仅强化共建小组内部合作，而且加强与全国、省、市、县的合作，集聚农业科教环能系统资源和优势力量，全面助力乡村振兴。共建小组工作聚焦产业振兴、人才振兴、生态振兴，瞄准构建“先行区”“试验区”开展工作。

4.2　重点任务制

《农业农村部办公厅关于开展全国农业科技现代化先行县共建工作的通知》把农业科技现代化先行县共建的重点任务归结为

"八个一"，即制定先行县共建方案，探索一个支撑模式；开展科技短板公关，解决一批技术难题；组织专家蹲点服务，建设一批展示基地；探索数字信息引领，建立一批智慧农业试验区；联合地方各级部门，建成一批技术服务平台；加强政产学研联合协作，扶持一批新型经营主体；开展生态环保技术革新，打造一批宜居乡村；立足经济发展需求，培养一批科技创业人才。句容市人民政府、江苏大学根据农业科技现代化先行县共建的精神，结合句容实际，在《全国农业科技现代化先行县共建实施方案》里明确了共建的重点任务，体现为 8 个方面：

第一，开展丘陵地区农业生产机械化、智能化科技短板攻关。

在提升水稻生产全程机械化与智能化水平方面，围绕稻米精量播种、农田插秧、精量变量施肥施药、高效减损收获、秸秆还田作业等方向，利用江苏大学在智能农业装备领域的技术优势，推广应用智能农业装备。通过农业装备生产过程作业状态监测以及基于北斗导航系统的农业装备自动驾驶和无人作业系统的科技攻关，探索打造"无人化农场"。

在推进茶叶生产全程机械化与智能化方面，针对丘陵地区茶叶生产过程"无机可用、无好机用"的短板和薄弱环节，通过集成茶苗移栽、茶园耕作、植保、水肥一体化、修剪、采摘机械化作业技术与装备，在典型茶叶生产基地开展茶叶生产全程机械化应用。通过集成茶园农情的空—地多源信息获取、茶园无人化作业、茶叶生产全过程溯源等技术，构建茶叶生产全过程智慧管控系统，提升茶叶生产全程智能化水平。

在示范推广葡萄、草莓等应时鲜果生产机械化技术与装备方面，针对农机作业对设施空间结构、出入口、内部通道等的要求，优化葡萄、草莓种植模式和架式（垄型）结构，推广标准化、宜机化葡萄园建设和草莓温室建设。围绕耕整地与基质管理、开沟、植保、灌溉、施肥、修剪、田间转运等生产环节，研制推广对靶低量高效植保机、微耕机、节水灌溉装备、智能开沟施肥一体机及轻简化修剪装备和转运装置，提升葡萄、草莓等应时鲜果生产机械化、规模化水平。

第二，探索数字引领，建立智慧农业试验区。

在应用数字化农业装备，建设智慧农业示范区方面，在稻米、茶叶、应时鲜果等种植领域，利用卫星遥感、无人机、地面农情监测等农情信息获取方法，基于5G网络、云计算等技术，构建天—空—地多源农情信息感知体系。通过多源感知信息和人工智能算法实现农作物生长动态监测；协调农作物生长所需水、肥、气、热等条件，实现农业生产过程智能决策与优化调控，构建农业生产过程智慧管控体系，推进信息化装备、数字化技术在农业生产中的应用，率先建成智慧农业示范区。

在整合现有数字化资源，打造农业大数据平台方面，加快构建基础数据资源体系，加快生产经营数字化改造，推进管理服务数字化转型，强化关键技术装备创新和加强重大工程设施建设。提升农业农村大数据建设规范化、标准化水平，加快建成集数据采集、数据管理、数据分析、数据共享等于一体的综合平台。突出行业管理服务的数字化、信息化。支持农业社会化服务组织探索规模化生产、标准化协作的“云服务”模式，完善农田托管、种质资源、物质装备、市场营销、农产品农资供需信息等方面的信息服务能力。鼓励生产经营主体、农业龙头企业、科研院所探索物联网数据对接、数据应用和技术服务方式，提升数据融合共享和管理服务能力。

在推进农村电子商务系统发展方面，以创建全国电子商务进农村综合示范县为抓手，进一步挖掘农村电商潜力，在全市建立完善支撑电子商务发展的公共服务体系，统筹推进品牌、标准、品控、金融、物流、培训等服务；促进农村电子商务与乡村振兴战略深度融合，显著提升农村流通基础设施和服务水平，完善市、镇、村三级物流配送体系，降低物流成本；建立农村电商培训转化机制，加强创业孵化，推动电商与特色农业、乡村旅游、民俗文化等地方优势产业有机融合，形成农村电商可持续的市场化运营机制，促进农民稳定增收，巩固提升电商乡村振兴成效。

第三，促进农产品加工业提质增效。

在优化农业产业布局方面，推动农产品加工业向主产区布局，向镇江国家农业科技园区（句容农高区）、镇、村延伸，积极发展主食、休闲食品等新兴加工业，统筹发展农产品产地初加工和综合利用加工，推进农产品多元化开发、多层次利用、多环节增值。

在培育农产品加工企业方面，支持加工企业加快技术改造、装备升级和模式创新，提升企业的加工转化增值能力。引导加工企业依靠科技，建立全程质量控制、清洁生产和溯源体系，生产开发安全优质、营养健康、绿色生态的各类食品及加工品。引导加工企业与新型农业经营主体构建紧密的利益联结机制，让农民更多地分享到加工带来的增值收益。

在提升农产品加工技术装备水平方面，实施农产品加工提升行动，提升适用于句容特色农产品的分拣、清洗、保鲜和烘干等通用型加工装备水平，引导大型农业企业加快生物、工程、环保、信息等技术集成应用，推广信息化、智能化、工程化装备。进一步提升茶叶加工环节的机械化、智能化水平，减轻人工劳动强度，提高制茶效率和茶叶品质；推进句容特色鲜食水果清洗、分拣、保鲜等加工过程机械化、智能化；提升句容特色林下经济作物的生产加工技术，提高产品附加值，拓宽农民增收渠道；优化粮食谷物烘干工艺，降低粮食谷物爆腰率，提升粮食谷物品质。

第四，加强政产学研联合协作，健全科技服务体系。

在农业科技创新走廊一带串联方面，依托句容东部干线、镇江国家农业科技园区（句容农高区）等载体，突出物联网、云计算、大数据、人工智能等科技元素，全面提升农业生产智能化管控水平，打造农业科技创新走廊，串联涉农高校、科研院所，整合农业空间、园区，构建“众创空间—孵化器—加速器—产业园区”全周期农业科技创新平台，辐射带动周边特色小镇串联成线。

在完善农业科技指导和服务网络方面，建立农业科技成果转化网络服务体系，完善农业科技信息服务平台，鼓励技术专家在线为农民解决农业生产难题。建立农业大数据中心，将农产品质量安全监管、农药基础数据、新型农业经营主体和重点农产品市场信息等纳入综合信息服务平台进行管理，运用信息化手段提升现代农业管理水平。

在建设亚夫科技服务团方面，联合江苏大学、江苏农林职业技术学院、江苏省农业科学院、农业农村部南京农业机械化研究所、江苏丘陵地区镇江农业科学研究所等，选拔一批高层次、领军式现代农业科技人才组建亚夫科技服务团，通过挂职、蹲点等方式提供技术服务。科技服务团以线上答疑解惑，线下实地指导、技术培训和技术帮扶等方式，打通现代农业科技专家、农业科技服务与农户的“最后一公里”。

第五，加快培育新型农业经营主体。

在完善新型农业经营主体培育体系方面，完善农村产权交易制度，提高农村产权交易市场的功能和作用，促进城乡要素自由流动；引导农村土地向新型农业经营主体流转，增加适度规模经营面积，实现规模效益；开展“政银合作”，推进整村授信工作，扩大农户小额普惠信用贷款覆盖面；探索金融扶持新举措，加强新型农业经营主体与金融机构的合作，协调解决贷款担保难的问题，引导和鼓励新型农业经营主体参加政策性农业保险。

在加快培育发展家庭农场方面，引导广大农民和各类人才创办家庭农场，完善家庭农场名录管理制度；组织开展家庭农场典型案例征集活动，宣传推介一批家庭农场典型案例，加大家庭农场示范创建力度；强化家庭农场指导服务扶持，提高家庭农场经营管理水平和示范带动能力；支持家庭农场采用先进技术和装备，开展产地初加工和主食加工，开展绿色食品、有机食品认证和品牌建设，提升标准化生产能力。

在培育农业产业化联合体方面，纵向引导合作社带动小农户连片种植、规模饲养，横向促进各类新型农业经营主体建立产业联社，引导抱团发展、组团突破，重点推广村党支部领办合作社，发展同业、同域、同链的合作联社。

第六，开展生态环保技术革新，打造宜居乡村。

在加强农业污染防控和治理方面，推进化肥、农药减量增效，发展生态循环农业，不断提高主要农作物绿色防控覆盖率、专业化统防统治覆盖率以及秸秆综合利用率；推进农膜回收利用与新型可降解的农膜材料的使用；提高畜禽粪污资源化利用率，严格畜禽规模养殖环境监管；着力提升规模养殖场粪污处理设施装备配套率，加强水产养殖污染源头防治、尾水达标排放和水生态保护。

在加强农村水环境综合整治方面，因地制宜采用无动力、微动力、太阳能、自然湿地等模式，多生态单元协同净化利用路径，加快村庄污水管网建设，提升农村生活污水治理水平；梳理农村的污水能自用、能循环到土地里进行氮和磷就地综合利用，再生循环的清洁方法；加强湿地资源的全面保护，重视发挥湿地生态功能，推动河长制、湖长制向村级延伸，实施村镇河道、水系综合治理长效运行管理机制。

在推进美丽乡村、特色田园乡村建设方面，加强村庄环境综合整治，完善农村生活垃圾分类收集处理体系建设，因地制宜系统加强农村厕所无害化改造，实施农村清洁工程；分类开发建设历史文化型、自然山水型、产业特色型特色村。

第七，立足经济发展需求，培养农业科技创新创业人才。

在建设乡村振兴研究院，为实现农业农村现代化提供智力保障方面，建设江苏乡村振兴研究院，选取一批高层次、领军式现代农业科技人才作为高素质农民培育导师，组建“把论文写在大地上”的专家团队，为句容乡村振兴群策群力，提供智力保障；以江苏乡村振兴研究院为载体，建设集科技研发、技术展示、成果转化等功能于一体的创新创业基地。

在培育高素质人才队伍方面，建立高素质农民教育培训、规范管理和政策扶持“三位一体”的培训体系，建立学历教育、技能培训、实践锻炼等多种方式并举的培养机制；开展新型经营主体带头人培育、乡村人才定制培训；鼓励新型经营主体带头人参加职称评审、技能等级认定；完善人才引进政策，吸引高层次人才投身乡村振兴事业；完善人才培养合作与交流机制，建立国内外、区域、校地之间的人才培养合作与交流机制。

在开展科技特派员农村科技创业行动方面，完善科技特派员工作机制，拓宽科技特派员来源渠道，实现科技特派员科技服务和创业带动全覆盖；完善优化科技特派员扶持激励政策，持续加大对科技特派员工作的支持力度。引导科技特派员与新型农业经营主体合作，针对农业产业链关键环节和瓶颈问题，开展科技创新和成果转化，提升农业科技水平。

第八，推广“戴庄经验”，推进生态循环农业发展。

在坚持党建引领，让“两山理论”落地生根方面，聚焦基层组织建设、科技惠农服务等，积极推广“党支部+合作社”模式、“六个统一”生产、利润三次分配经验，建立合作组织有党在、增收致富有“头雁”、技术培训有专家、田间地头有青年的党建引领农业发展机制。

在推广生物多样性农业，走绿色发展道路方面，采用对环境友好的现代农业生产科技手段大力培育生物多样性，修复、改善本区域农业生态系统的结构组成，加快形成资源利用高效、生态系统稳定、产地环境良好的农业发展新格局。

在畅通“两山”转换通道，强化“三美”建设方面，把握“山水林田湖草”生命共同体的系统思想，积极探索生态资源转换路径，打造休闲观光和乡村旅游等绿色产业，把“绿色资源”变成“绿色经济”，把“生态看点”变成“发展卖点”，全力打造“绿水青山就是金山银山”的句容实践样板。

4.2.1 规划5年战略任务

为了真正完成这些重点任务，句容市和江苏大学规划了5年战略任务。

第一阶段：启动期（2021年）

（1）健全管理服务体系，成立句容市农业科技现代化先行县共建领导小组，组建工作专班，制定共建工作制度。

（2）组建专家服务团队，制定先行县共建方案。编制特色农业机械化示范基地、智慧农业示范区、丘陵地区生态循环农业等建设方案，编制句容市江苏大学丘陵地区农业机械化研究院等建设方案。

（3）开展“农业科技现代化”内涵、外延、标志、特征专题研究。

第二阶段：全面推进期（2022—2023 年）

（1）2022 年度：实施高标准农田建设，到“十四五”末新（改）建高标准农田 5 万亩左右；实施农产品加工基地建设；运用卫星、遥感、物联网等技术手段，建设句容农业大数据平台；组建亚夫科技服务团；实施智慧农业示范区、智慧无人化农场示范基地基础设施建设；建设江苏乡村振兴研究院、句容市江苏大学丘陵地区农业机械化研究院；实施农业产教融合基地建设；实施家庭农场示范创建和农民合作社规范提升行动。

（2）2023 年度：实施农业生产“三品一标”提升行动，打响“句容鲜果”“句容大米”品牌；实施农村环境治理行动，完善农村污水管网和粪污处理设施；实施果蔬基地土壤改良行动；实施农产品加工提升行动，推广先进适用技术装备；总结“戴庄经验”，示范推广高效生态农业技术和现代农村基层治理体系；基本完成丘陵地区特色农业机械化示范基地建设，示范推广丘陵地区特色作物生产先进技术装备；基本完成智慧农业示范区建设，推广智慧农业新技术，打造智慧无人化农场。

第三阶段：总结验收与示范推广（2024—2025 年）

归纳总结句容市全国农业科技现代化先行县建设过程中的成功经验及模式，并将建设取得的推广性农业科技成果和发展模式向周边地区扩散和辐射，最大程度发挥科技对农业高质量发展的带动作用和先行县建设的示范效应。

4.2.2 明确阶段性任务

句容市农业科技现代化先行县共建领导小组会在每年年中、年底进行阶段性总结，部署接下来半年的任务，并针对任务的执行情况，及时调整计划和实施方案。例如，句容市在总结2022年上半年共建经验的基础上，明确了2022年下半年的重点任务。

全市深入贯彻市委“全力以赴干产业”的决策部署，聚焦产业强市“一号战略”，坚持一条底线、一个重点、一个目标。“一条底线”就是要在“稳”上守底线，把稳守好粮食和重要农产品有效供给底线，持续抓牢农业安全生产、农产品质量安全、重大动植物疫情等重大事件。“一个重点”就是要在“进”上有突破，紧紧依托高质量考核，坚持“镇江第一、全省第一等次”目标不动摇，认真研究分析每项考核指标，逐项制定切实有效措施，争先进位。“一个目标”就是要在“富”上有实效，实现富的核心是聚焦产业振兴，综合“戴庄经验”、合作社、党建联合体、乡土人才、三产融合等多种手段，多措并举，最终实现农民增收致富的目标。

在具体推进上，突出全国农业科技现代化先行县等创建，重点抓好“三个关键举措”。毫不动摇夯实乡村产业基石，坚决扛起粮食安全政治责任，坚决遏制耕地“非农化”、防止“非粮化”，确保56.04万亩粮食播种面积、3600亩大豆玉米种植等全面完成，提升水稻生产全程机械化与智能化水平，应用数字化农业装备，建设智慧农业示范区；持之以恒把准乡村产业方向，重点布局粮食、鲜果、茶叶、蔬菜四大优势产业，按照都市农业的市场导向、精品农业的价格选择、休闲农业的功能定位、循环农业的生态理念、智慧农业的技术方向，优化生产结构、产业结构、经营结构，深化现代农业产业党建联合体建设，强化优势产业载体培育，推进规模产业集群发展；科学合理完善乡村产业机制，围绕基地、规划、品牌、平台、体系、链条、队伍、农场、招商等9个方面，以“链长制”为统领，制定工作细则和详细方案，围绕丘陵机械、高效设施农业、科技示范基地、新农人带动示范等环节，结合省级农业现代化先行区、产业强镇等基地创建，与江苏大学等科研院所开展多层次、全方位合作，统筹推进全市乡村产业发展。

4.3 科技服务团队制

江苏大学联合农业农村部南京农业机械化研究所、江苏农林职业技术学院、镇江市农业科学院、江苏悦达集团等单位，组建7支专家服务团队，即智慧农业团队、生态农业团队、农产品加工团队、丘陵地区智能灌溉团队、丘陵地区特色农机团队、农民继续教育与培训团队、农业科技现代化研究团队。

智慧农业团队由2名教授、1名研究员、1名副研究员、1名助理研究员和1名实验员组成。成员的研究专长为农业机械化、农业电气化。团队的主要任务为提升水稻生产全程机械化、智能化水平；探索智慧引领，建立智慧农业试验区。目前，已制定了智慧农场建设方案，项目已开始实施。

生态农业团队由3名研究员和4名副研究员组成。成员的研究专长为农业生态、环境保护。团队的主要任务为开展生态环保技术革新，打造宜居乡村；推广生物多样性农业，走绿色发展道路。目前制定了方案，选定了示范点，包括天王镇戴庄村、宝华镇仓头村、边城镇大华村、茅山镇丁庄村、天王镇唐陵村、后白镇徐巷村、茅山镇东霞村、白兔镇解塘村和天王镇天王村等9个村庄。

农产品加工团队由3位教授和3位副教授组成。成员的研究专长为农产品深加工、食品科学与工程。团队的主要任务为促进农产品加工提质增效。

丘陵地区智能灌溉团队由1名教授、1名研究员和3名副研究员组成。成员的研究专长为农田节水灌溉、流体机械与工程。团队的主要任务为示范推广葡萄、草莓等应时鲜果生产机械化技术与装备。目前，已在茶园、葡萄种植基地开展智能灌溉示范。

丘陵地区特色农机团队由1名研究员、2名教授、1名副研究员、3名助理研究员、1名实验师、1名实验员和2名讲师组成。成员的研究专长为精确施药技术研究、高效植保装备研发等。团队的主要任务为开展丘陵地区农业生产机械化、智能化科技短板攻关。目前，已完成茅山智能茶场方案的制定和论证，正推进项目前期工作；完成句容市江苏大学丘陵地区农业机械化研究院前期准备工作。

农民继续教育与培训团队由4名副教授组成。成员的研究专长为继续教育等。团队的主要任务为加快培育发展家庭农场，立足经济发展需求，培养农业科技创新创业人才。目前，已完成“高素质农民”培训方案制定，并推进实施；完成乡村振兴干部培训中心建设方案制定。

农业科技现代化研究团队由6名教授和1名讲师组成。成员的研究专长为新时代“三农”理论与政策、乡村治理等。团队的主要任务为加强政产学研联合协作，健全科技服务体系；完善新型农业经营主体培育体系；培育农业产业化联合体；坚持党建引领，让“两山理论”落地生根；畅通“两山”转换通道，强化“三美”建设。目前，开展了农业科技现代化的内涵和外延研究；

完成了专家访谈和问卷调研。

江苏大学的科技服务团队和句容市服务团队实现了对接。江苏大学智慧农业团队负责人和句容市农业农村局乡村产业与信息科负责人对接，生态农业团队负责人和句容市农业农村局科教与农产品质量监管科负责人对接，农产品加工团队负责人和句容市农业农村局乡村产业与信息科负责人对接，丘陵地区智能灌溉团队负责人和句容市农业农村局农业机械管理科负责人对接，丘陵地区特色农机团队负责人和句容市农业农村局农业机械管理科负责人对接，农民继续教育与培训团队负责人和江苏省农业广播电视学校句容市分校（简称“句容市农广校”）负责人对接，农业科技现代化研究团队负责人和句容市农业农村局农村合作经济指导科对接。

4.3.1 团队组建原则和目标

原则是认识问题、解决问题的准则。目标是行动的指南和动力。坚持原则、明确目标才能事半功倍。江苏农业科技服务团队的组建，遵循了如下原则：

第一，以知农爱农为前提。不同于把注意力和精力主要放在技术攻关方面的科技研发团队，江苏农业科技服务团队的每个成员都对农村、农业、农民有着深入的了解，在长期、持续的涉农工作中，与农村、农业、农民培养了深厚的感情，能够急农民所急、想农民所想，关心农民真正关心的事情，用农民熟悉的方式和农民交流。每个团队成员都交到了不少农民朋友，一起喝茶聊天、一起讨论农村事务，真正做到了“把学问做在大地上”。

第二，以强农兴农为己任。江苏农业科技服务团队的成员，不仅了解农业、农村、农民，对农民有着深厚真挚的情感，而且具有强烈的使命感和责任感。“农业的出路在现代化，农业现代化的关键在科技进步和创新。"① "农业现代化，关键是农业科技现代化。要加强农业与科技融合，加强农业科技创新，科研人员要把论文写在大地上，让农民用最好的技术种出最好的粮食。"② 农业科技人员是农业科技现代化的中流砥柱和推动者，以强农兴农为己任，才能真正促进农业现代化，促进农业现代化与工业化、城镇化、信息化同步发展。

第三，以地域需求为导向。句容市和江苏大学《农业科技现代化先行示范县共建方案》中指出：依托句容优良的农业产业发展基础、成熟的农业科技服务管理模式和江苏大学的人才科技优势，以科技创新驱动战略为引领，以市场需求和地域特色为导向，加强农业与科技融合，推动句容产业振兴、人才振兴和生态振兴。科技服务团队的组建，是以句容的地域需求为导向的。针对句容地处丘陵山区的地理特征，结合江苏大学的农机、流体等学科优势，组建了丘陵地区特色农机团队、丘陵地区智能灌溉团队；针对句容绿色发展的优势，结合江苏大学环境工程专业的优势，组建了生态农业团队；针对句容农产品加工业技术有待提升，结合江苏大学食品专业的学科优势，组建了农产品加工团队；针对句容农业智慧化发展相对欠缺的现状，结合江苏大学物联网等专业的优势，组建了智慧农业团队。习近平总书记在2016年农村改革座谈会上强调："实现农业现代化，是我国农业发展的重要目标。没有农业现代化，国家现代化是不全面、不完整、不牢固的。要以构建现代农业产业体系、生产体系、经营体系为抓手，加快推进农业现代化。"③ 智慧农业团队、生态农业团队、农产品加工团

① 习近平：《论"三农"工作》，中央文献出版社，2022，第41页。
② 习近平：《论"三农"工作》，中央文献出版社，2022，第219页。
③ 习近平：《论"三农"工作》，中央文献出版社，2022，第202页。

队、丘陵地区特色农机团队、丘陵地区智能灌溉团队对构建现代农业产业体系、生产体系起到了技术支撑的作用，农民继续教育与培训团队则结合句容农民的实际，对培养现代农民，推进农业经营体系的现代化发挥着至关重要的作用。农业科技现代化研究团队成员对农业理论和政策有着宏观的把握和透彻的理解，发挥着智库的作用。

第四，以团队合作为支撑。这里的团队合作，既指每个科技服务团队内部成员的合作，也指不同团队之间的合作。以农业科技现代化研究团队为例，该团队的成员专业涉及马克思主义理论、法学、经济学、哲学等，由于各学科看待问题的视角不同、关注点不同，因此团队负责人多次召集团队成员，讨论写作思路和提纲，成员之间取长补短。在对句容进行实地调研的过程中，擅长定量分析的经济学专业老师在集思广益的基础上，进行问卷设计、统计和分析。具有长期田野调查经验的老师，和其他成员分享田野经历，以及访谈方法与技巧。团队成员经常通过微信群共享资源，分享心得体会。农业科技现代化研究团队的成员和其他团队的成员也积极合作。例如，农业科技现代化研究团队的成员参加智慧农业团队有关物联网、智慧农业的讲座，了解智慧农业发展的现状及前景；和丘陵地区特色农机团队的成员一起观摩小麦机械收割过程、机械育秧过程等；向其他服务团队的成员请教农业科技方面的专业问题，并和他们交流习近平总书记有关“三农”问题的重要论述，共同学习“三农”政策。不同科技服务团队通力合作、密切配合，共同为句容农业科技现代化先行示范县的建设而努力。

目标是行动的指南和方向，目标明确、科学、合理，才能更有行动力。句容农业科技现代化先行示范县的共建目标为：探索形成农业科技现代化发展格局；推进乡村振兴战略的实现；为句容地区的共同富裕提供强力支撑。

第一，探索形成农业科技现代化发展格局。依托句容优良的农业产业发展基础、成熟的农业科技服务管理模式和江苏大学的人才科技优势，以科技创新驱动战略为引领，以市场需求和地域特色为导向，加强农业与科技融合，推动句容产业振兴、人才振兴和生态振兴。到“十四五”期末，实现主要农作物优良品种覆盖率达99%，耕种收综合机械化率居全省前列，畜禽水产养殖机械化水平达65%以上，农业废弃物资源化利用率达到95%以上，农业生产“三品一标”水平明显提升，农产品加工产值与农业总产值比高于江苏省平均水平，农业工程和装备水平明显提高，农村环境、农业生态环境持续改善，农村科技人才比例明显提高。探索形成产业科技化、人才专业化、生态绿色化的农业科技现代化发展格局，将句容市打造成为“以绿色果蔬为特色，带动优质粮油、生态养殖、特色林木、休闲旅游等产业创新发展的丘陵地区农业科技现代化先行区、特色农业体制机制创新试验区”。

第二，推进乡村振兴战略的实现。十九大报告提出“实施乡村振兴战略”。乡村振兴战略的总要求为：产业兴旺、生态宜居、乡风文明、治理有效、生活富裕①，五者相辅相成，缺一不可。乡村振兴战略提出后，全国各地农村有了很大发展，习近平总书记在2020年年底中央农村工作会议上做了《坚持把解决好“三农”问题作为全党工作重中之重，举全党全社会之力推动乡村振兴》的报告，以前所未有的高度强调了乡村振兴的重要性，以及实现乡村振兴目标的决心。“全党务必充分认识新发展阶段做好‘三农’工作的重要性和紧迫性，坚持把解决好‘三农’问题作

① 习近平：《决胜全面建成小康社会　夺取新时代中国特色社会主义伟大胜利——在中国共产党第十九次全国代表大会上的报告》，人民出版社，2017，第32页。

为全党工作重中之重，举全党全社会之力推动乡村振兴，促进农业高质高效、乡村宜居宜业、农民富裕富足。”① 当前有不少乡村，包括东部经济发达地区的村庄表面看起来繁荣富庶，别墅错落有致、交通便利、人居环境优美，但事实上不少村庄成了“空心村”，青壮年劳力大多外出打工，大量的“空巢老人”老无所依、“留守儿童”亲情缺失，这类乡村虚假的繁荣背后隐藏着不可持续发展的危机，“回不去的乡村、进不去的城市”成为不少农民无奈的哀叹。农业科技现代化对于促进农村一二三产业融合发展，进而实现“产业兴旺”；对于改善“脏乱差”现象，形成村容整洁的生态宜居环境；对于“尊老爱幼、诚信友善、敬业守法”等良好乡村风气的重塑；对于实现“宜居、宜业、宜游”的生活富裕的目标，都发挥着重要的作用。农业科技现代化对于推进乡村产业振兴、生态振兴、人才振兴、文化振兴、组织振兴无疑具有重要的作用。

第三，助推句容实现共同富裕。当前，在乡村发展的过程中，现代科技起到了越来越大的作用。句容市天王镇戴庄村就是农业科技现代化助推共同富裕实现的典型。戴庄曾经是句容自然条件最差、最穷的村庄。发展到今天，“戴庄模式”已成为共同富裕的代名词。说到“戴庄模式”，人们首先想到的往往是合作社在其中所起的作用。但如果仅仅有合作社，而缺乏产业基础，那么合作社通常会成为空壳。正是依托现代农业科技基础上的绿色发展模式，戴庄的合作社才起到了凝聚人心的作用，实现了共同富裕的目标。“一家一户谈合作，效率不高怎么办？戴庄有机农业专业合作社引入镇江市亚夫兴农股份有限公司，与银行和保险公司开展合作，通过积分兑换农产品的形式，将一大批中高收入商务

① 习近平：《论“三农”工作》，中央文献出版社，2022，第5页。

人士纳入目标客户人群。目前，亚夫兴农股份有限公司已有 2 万名个人会员、1000 余家单位会员，覆盖镇江 25 个村、309 个经营主体的有机农产品。"① 江苏大学和句容共建农业科技现代化先行示范县后，为戴庄提供了更多的农业技术支撑，并推动"戴庄模式"向周边村庄、全省乃至全国辐射，必将推动句容地区农村共同富裕的实现。句容有不少乡村正在推动农旅融合发展，村庄的公众号及网站对农旅融合发展起到了很大的推动作用。村庄公众号以富有感染力的画面和文字以及视频，吸引着越来越多的游客。江苏大学借助计算机专业、食品专业等方面的技术优势，进一步推动了句容农旅融合的发展，增加了当地农民的收入。共同富裕不单单是物质层面的富裕，精神层面的富裕也很重要。农民继续教育与培训团队和农业科技现代化研究团队有助于推动句容农民实现精神层面的富裕。

4.3.2 问题导向的运行模式

农业科技服务团队围绕主导产业发展中存在的重大技术难题和瓶颈，以问题为导向，推广重点农业科技成果，推动农业科技成果转化和技术带动，开展农业科技协作攻关研究。

第一，农产品加工团队发挥食品工程科技优势，提升农产品加工技术装备水平。发挥江苏大学食品工程领域相关团队在农产品贮藏、加工领域的技术优势，深度融合镇江国家农业科技园区（句容农高区），加强地理标志农产品、农产品贮藏与加工等领域的合作，提升适用于句容特色农产品的分拣、清洗、保鲜和烘干等通用型加工装备水平，引导农业企业加快生物、工程、环保、信息等技术集成应用。

---

① 姚雪青：《一家生态农场的绿色发展探索》，《人民日报》2022 年 8 月 5 日，第 13 版。

第二，突出学科领域优势，联合开展丘陵地区特色农机科技攻关。江苏大学充分发挥在农业工程、机械工程、电气工程等工程学科领域的优势，针对丘陵地区茶叶、稻米、应时鲜果等作物生产过程中“无机可用”和“无好机可用”的问题，研发推广丘陵地区特色作物全程机械化生产关键技术与装备，开发丘陵地区特色经济作物全程机械化生产智慧管控系统。

第三，发挥团队技术优势，协作建设智慧农业试验区。发挥江苏大学农业工程学院相关团队在智能农业装备领域的技术优势，在稻米、应时鲜果等大田种植、设施种植、特色经济作物生产等领域开展农情信息获取与分析，实现农业生产环节智慧管控，并在智慧农业试验区示范应用智能化农业装备；发挥江苏大学农业大数据技术优势，引导句容整合现有数字化资源，提升农业大数据平台建设水平。

第四，深化“戴庄经验”研究，纵深推广生态循环农业。江苏大学生态农业团队充分发挥中国农业装备产业发展研究院、新农村发展研究院、江苏乡村振兴研究院、农业农村部植保工程重点实验室等省部级智库平台的优势，在句容研究推广“戴庄经验”和生态循环农业等新技术，联合开展生态环保技术革新、美丽宜居乡村建设。“江苏的农业现代化，不是某个方面的现代化，而是从传统农业逐渐走向生态农业的过程，是农业发展和生态文明相结合的过程，一定能在实现农业现代化的同时，建成美丽、富饶、和谐的新乡村。”①“戴庄经验”的推广，对于江苏农业现代化目标的实现，起着关键作用。

农业科技服务团队在开展农业科技协作攻关研究的同时，开

① 柴秀梅：《关于江苏省实现农业现代化的几点思考》，载九三学社江苏省委员会编《科技创新与促进江苏农业现代化建设》，东南大学出版社，2015，第9页。

展试验示范基地建设。

第一，开展农产品加工效益化示范基地建设。以镇江国家农业科技园区（句容农高区）等平台为载体，立足农高区应时鲜果、优质稻米、优质茶叶、葛根、果酒等产品基地，规划建设农产品深加工研发、冷链仓储、物流配送等中心，统筹发展农产品产地初加工和综合利用加工，建设茶叶、葡萄等一批区域公共品牌，促进农业生产效益提升。

第二，开展茶叶生产机械化示范基地建设。江苏大学通过集成茶苗移栽、茶园耕作、施肥、施药、水肥一体化、修剪、采摘机械化作业技术与装备，在句容典型茶叶生产基地开展茶叶生产机械化应用。通过集成茶园农情的空—地多源信息、茶叶生产全过程溯源、茶园无人化作业等技术，构建茶园生产全产业链智慧管控系统，提升茶叶生产全程智能化水平。

第三，开展水稻生产智能化示范基地建设。建设一批集中连片、设施配套、生态良好的高标准农田，建立以水稻生长状态为中心的耕种管收智慧化作业模式，实现农机智能作业、农资和农产品智慧调度、病虫草害预测预警功能，建立记录从农产品生产、制造、包装、运输到销售全过程数据的农产品追溯系统，并提供跟踪溯源等的全过程智能化管控。

第四，构建政产学研特色化合作平台。句容支持江苏大学在句容建立句容市江苏大学丘陵地区农业机械化研究院、江苏大学农业农村现代化研究院等集科技研发、技术展示、成果转化等功能于一体的创新创业基地。江苏大学优先将可转化技术在句容农业高新企业落地孵化，为句容经济社会高质量发展提供有力支撑。江苏大学指派专人负责研究院日常事务，及时对接句容需求，定期组织技术对接。

4.4 供需联络对接制

江苏大学通过与句容市农业农村局、农业农村部南京农业机械化研究所、江苏农林职业技术学院、镇江市农业科学院、江苏悦达集团等单位的相关专家长期、持续地合作与沟通，真正了解到句容的产业状况、农业科技发展状况及其真正的需求，进而为其提供量身定制的农业科技服务。句容和江苏大学在农业科技现代化先行示范县共建的过程中，实现了校地企对接的常态化、密集化。聚焦重点任务，找准共建突破口。针对句容特色经济作物生产机械化、智能化短板，以智能茶园、智慧农场建设为重点，组织校地企所多方开展联合攻关。组建跨单位、跨学科专家服务团队。联合相关涉农科研院所和企业，全面对接句容农业科技需求，推动句容农业高质量发展。

4.4.1 根据地方需求提供农业科技服务

在4.2节“重点任务制”部分已具体阐述了句容—江苏大学共建方案中的重点任务。经过一年的校地企对接，成效显著：

第一，开展丘陵地区农业生产机械化、智能化科技短板攻关。江苏大学亚夫智能农机创新服务团为句容市戴庄村定制了低碾压率再生稻联合收割机，与传统收割机相比，对稻田的碾压率降低到了20%以下，压的力量轻，面积也小，最高可提高再生稻产量25%左右。江苏大学农业工程学院相关教师正在申报镇江市农业科技推广项目“大豆玉米带状复合种植全程机械化技术集成与推广”项目。茅山茶场智能化项目已被列入句容市政府年度重点工作，项目实施方案已拟定完毕，并通过了专家论证。江苏大学节水灌溉团队研究成果“丘陵山区果蔬茶灌溉装备关键技术与应用”在句容市得到广泛推广应用，促进了当地葡萄、草莓、茶叶产业的健康发展，经济效益显著。

第二，探索数字引领，建立智慧农业试验区。在应用数字化农业装备，建设智慧农业示范区方面，江苏大学指导句容市后白良种场智慧农场项目，在句容市后白镇延福村、金山村等地开展宜机化高标准农田、农情感知系统、智能农机选购、农产品加工基础、智慧管控平台建设技术指导与共建。在整合现有数字化资源，打造农业大数据平台方面，突出行业管理服务的数字化、信息化，积极融入江苏省农业农村大数据系统，助推“互联网+农业”创新融合发展，大力推动“苏农云”底层软件平台建设及应用，形成“三农”数据一张网，培育一批数字乡村建设优秀典型。在推进农村电子商务系统发展方面，句容市已逐步形成了以区域公共品牌“句品划算”为载体，以鲜果、茶叶、稻米等农产品为特色，以梳子、纸巾、手工零食、酒类饮品等工业品为支撑，以民宿、红色旅游、文化创意等旅游餐饮为亮点的电商格局。

第三，促进农产品加工业提质增效。打造了天王省级农业产业强镇。天王镇结合全市发展规划和绿色稻米产业发展需求，合理布局稻米原料基地和加工业，初步形成一轴、两中心、四区的产业发展格局。一轴即沿福道至戴庄的稻米主导产业发展轴，两中心即稻米产业的酒产品深加工中心和酱醋产品深加工中心，四区即亚夫创客区、良种繁育区、健康水稻种植区、戴庄有机水稻种植区。绿色优质水稻基地采取“水稻+”模式，深入挖掘稻米生产的安全、生态、文化、教育等功能，做强做大做优天王镇有机大米产业。在扶持发展蔬菜产地初加工方面，支持规模生产基地开展分级、净菜加工、包装、冷藏、保鲜等处理，优化配置农产品田头预冷、冷藏保鲜、加工包装、冷链物流等设施，完成

11 家 2021 年农产品产地冷藏保鲜设施项目的实施。

第四，加强政产学研联合协作，健全科技服务体系。启动了省级农业现代化先行区建设工作。以“六化六强”为重点建设任务，推进省级农业现代化先行区建设，按照建设方案，做好动态指标监测、建设任务落地、重大需求调度，积极申报国家农业现代化示范区。开展江苏省句容现代农业产业示范园创建，做好公共服务平台及其配套基础设施建设，推进示范园公共服务能力提升，2021 年 5 月底通过省级认定。在实施“探索全域开展农产品质量安全追溯机制”改革方面，以白兔镇域内为重点，探索“农安追溯+信息化、农安追溯+成果应用、农安追溯+保险服务保障”机制，实施省级第四轮农村改革试验区建设。新建村级工作站 37 家，评定追溯示范基地 60 家，规模农产品生产主体可追溯率达 85%以上，在 5 个镇试点推进胶体金免疫快检技术，白兔镇创成省级五星级农产品质量监管机构。在推进农业科技示范基地建设方面，江苏大学参与实施的 3 个江苏省农业产业体系（葡萄、蛋鸡等）综合与推广基地项目基本完工，并已通过体系考核，上半年新增玉米与青虾省级产业体系基地 2 个，正在实施 6 个句容市农业科技示范基地建设项目、3 个镇江市农业科技示范推广“1+1+*N*”项目。

第五，加快培育新型农业经营主体。在完善新型农业经营主体培育体系方面，规范发展政策性农业保险，加强农业保险知识宣传，丰富农业保险产品，助推“乐农保”组合保险开发等工作有序开展。开办小麦完全成本保险。小麦规模种植户可选择完全成本保险，保额由 550 元/亩提升至 1000 元/亩，可大大提升种植户的自然风险抵抗能力，进一步保障粮食生产安全。2022 年 6 月，句容签出镇江市首单“大豆玉米带状复合种植保险”，切实提高了种植户生产经营的风险抵御能力。2022 年上半年，“整村授信”

新增授信户数 13483 户，金额 41.73 亿元；新增有效授信户数 8392 户，金额 18.51 亿元；新增用信户数 1148 户，金额 1.42 亿元。在加快培育发展家庭农场方面，加强新型农业经营主体培育，申报省级示范家庭农场 8 家、镇江市级示范家庭农场 27 家；申报省级社会化服务典型案例和家庭农场典型案例各 3 家。大力宣传推广家庭农场随手记 APP，方便农场主随时电子记账，在建设 20 家省级家庭农场高质量发展项目。开展绿色食品、有机食品认证 2 万亩，在天王、后白、茅山、白兔等农业大镇，重点培育出一批“土字号”“乡字号”的特色乡土品牌，成功组织“丁庄葡萄”“福地好味稻”两个品牌申报农业农村部品牌创新发展典型案例，组织句容白兔草莓申报江苏省农产品特色优势区。在培育农业产业化联合体方面，横向促进各类新型农业经营主体建立产业联社，引导抱团发展、组团突破，重点推广村党支部领办合作社，发展同业、同域、同链的合作联社，申报国家级示范社 4 家，扶持 4 家农民专业合作社开展能力提升建设。

第六，开展生态环保技术革新，打造宜居乡村。在加强农业污染防控和治理方面，推进化肥、农药减量增效，着力提升规模养殖场粪污处理设施装备配套率，加强水产养殖污染源头防治、尾水达标排放和水生态保护。开展 5 个绿色防控示范区建设，不断提高主要农作物绿色防控覆盖率、专业化统防统治覆盖率，预计 2022 年农药施用量较 2020 年减少 1%左右、化肥施用量较 2020 年减少 1%左右、秸秆综合利用率稳定在 96%以上，废旧农膜回收率达到 91.6%，规模养殖场畜禽粪污资源化利用率达到 97.81%以上，推广水产健康养殖技术 3 万亩。在加强农村人居环境综合整治方面，以“四清一治一改”“四个专项行动”为主线，持续深入开展村庄清洁行动，打好夏季战役，提升农村人居环境质量。

坚持“干净、整洁、有序”的标准，通过明确工作重点、引导人人参与、抓好示范引导、强化督查考核等措施，紧紧围绕“有制度、有标准、有队伍、有经费、有督查、有问责”的要求，进一步完善管护机制，推动村庄清洁行动常态化、制度化、持续化。在推进美丽乡村、特色田园乡村建设方面，推荐西冯村、玉晨村申报 2022 年中国美丽休闲乡村，积极申报乡村休闲旅游农业特色模式 2 家、乡村休闲运动基地 3 家。评定四星级农家乐 10 家、三星级农家乐 15 家、二星级农家乐 21 家，四星级采摘园 10 家、三星级采摘园 15 家、二星级采摘园 19 家、一星级采摘园 7 家。

第七，立足经济发展需求，培养农业科技创新创业人才。在培育高素质人才队伍方面，句容是传统的农业大市，在传承农耕文化的同时，注重营造重农强农的浓厚氛围，凝聚志农爱农的后备力量。句容抓住高素质农民教育培训这个关键，联合江苏大学、江苏农林职业技术学院、镇江市农业科学院形成了“一校两院”的组合，成功创成江苏省乡村振兴人才培养优质校，创新“链”式培育方式，在做长“培训链”、做实“保障链”、做优“评价链”上下功夫，留住人、增能人、育新人，培养造就了一支“懂农业、爱农村、爱农民”的农业科技创新创业人才队伍。2022 年 4 月 8 日，江苏大学与镇江市草莓协会签订“江苏大学实践教学基地”协议，进一步深化校地合作，让江苏大学把句容作为教学实训的大课堂和产教融合的示范地；5 月，句容 3 个乡土人才大师工作室被评为省级乡土人才大师工作室。在积极打造政产学研特色化合作平台方面，积极组建句容市江苏大学丘陵地区农业机械化研究院、江苏大学农业农村现代化研究院等集科技研发、技术展示、成果转化等功能于一体的产业研究院，目前已基本达到名称、资金、人员、地点等研究院注册必备条件。建成江苏乡村振兴研究院，组建了江苏大学和句容本地智慧农业、特色农机、继续教育、生态农业等7个专家服务团队，为句容乡村振兴群策群力，提供智力保障。在突出科技创新示范点打造方面，先后开展茶博园、火龙果产业研究院、丁庄合作联社、何庄乡村振兴示范点、后白草坪研究院、后白稻米研究院、后白丰之源梨园、白兔徐村草莓示范基地、白兔致富果业、华阳奇果园、天王唐陵木易园、戴庄有机农业园等系列示范展示基地建设，融入了更多江苏大学的元素，提升科技先行县展示点。句容市政府充分发挥江苏大学、江苏农林职业技术学院、镇江市农业科学院等驻地院校的科教资源优势，以培育高素质农民为突破口，加快培养乡村产业人才，提升乡村产业发展吸引力，加快形成了一批句容现代“新农人”群体。积极培育家庭农场经营者、农民合作社带头人和农业专业化服务人才。句容市委、市政府高度重视科技给农民带来的巨变，在农业科技教育培训上加大资金投入，每年投入培训资金500多万元。随着高素质农民培育、农村实用人才带头人示范培训等一系列农业农村人才项目的实施及农民职业化的发展，句容已成为越来越多“80后”“90后”返乡创业创新的热土。在句容，返乡创业已成归潮之势，他们积极投身“三农”战线，帮助农民搞好农业生产和流通，实现农民增收致富。

第八，推广“戴庄经验”，推进生态循环农业发展。在坚持党建引领，让“两山理论”落地生根方面，句容以“亚夫团队工作室”为抓手，在生态农业新技术推广、农业经营新模式推广、农业乡土人才队伍建设、农业生态系统修复与建设等领域，对促进句容农业农村产业发展、带动群众致富、带领技艺传承等方面发挥了重要作用。建起了一支2100余人的乡土人才队伍，其中全国劳模4人、国家级非遗传承人2人、省“三带”人才20人。

2022 年，句容出台《关于加快推进乡村人才振兴的实施意见》，力争用 3 年时间，培育乡村产业振兴带头人“头雁”人才 30 名、“兴农科研英才、发展经营标兵、富民技术能手”人才 100 名。在推广生物多样性农业，走绿色发展道路方面，江苏省政府先后 3 次发文要求在全省推广“戴庄经验”，将发展生态农业作为推动绿色兴农、促进乡村振兴的重要措施。

4.4.2　校地企对接密集化、常态化

句容和江苏大学的共建建立在解决句容特色经济作物生产机械化、智能化短板问题的基础上，以智能茶园、智慧农场建设为重点，组织校地企所多方开展联合攻关。

校地双方共建句容市江苏大学丘陵地区农业机械化研究院、江苏大学农业农村现代化研究院，为实施共建工作提供平台支持。开展“农业科技现代化先行示范县共建的句容实践”软课题研究并推广应用相关成果，为句容市乃至全国先行县建设起到智库作用。组织跨单位、跨学科农机农艺专家队伍走进田间地头，为句容农业高质量发展提供智力支撑。开展高素质新型农民培育，推动句容农业科技人才振兴。

句容和江苏大学以及其他共建科研院所、企业实现了校地企对接密集化、常态化，截至 2022 年 9 月底，举行碰头会 9 次，实地调研 18 次，举办线上讲座 8 次、线下培训 5 次，举办专业研讨会 3 次。

第一次碰头会于 2021 年 9 月 13 日在句容市政府召开，推进了农业科技现代化先行县的共建工作。会上传达了全国农业科技现代化先行县共建工作会议精神，句容市农业农村局袁民局长汇报了先行县创建工作情况和实施方案（讨论稿），江苏大学贾卫东副院长介绍了校县共建协议书框架及学校对后续推进工作的思路和意见。句容市各单位提出了实际发展需求，江苏大学与会专家围绕先行县建设给出了针对性意见，双方开展了广泛的交流讨论，并纷纷表达了对先行县共建工作的信心，以及在建设过程中大胆创新、全力以赴、团结协作，共同为乡村全面振兴、农业农村现代化贡献力量的决心。10 月 25 日下午，江苏大学与句容市人民政府共建全国农业科技现代化先行县签约活动在江苏大学举行。双方讨论确定了在区域产业发展、基地建设、主体培育、人才培养、成果转化、协同创新、集成示范等方面开展全方位共建，参观了江苏大学农机大院、流体机械工程技术研究中心、中国农机文化展示馆。11 月 16 日，江苏大学全国农业科技现代化先行县（句容）共建工作推进会召开。会上，江苏大学农业工程学院副院长贾卫东汇报了江苏省农业农村厅赴句容调研情况，句容市江苏大学丘陵地区农业机械化研究院选址以及智慧农业、丘陵地区特色农机等 7 个团队建设情况。各团队负责人介绍了句容市农业科技现代化先行县建设工作计划。为加快推进茶叶生产全程机械化步伐，深化农机和农艺结合，12 月 2 日下午，句容市副市长徐飞带队前往江苏大学开展深入对接。句容市农业农村局、句容市茅山茶场和江苏大学汽车与交通工程学院、流体机械工程技术研究中心、农产品加工工程研究院等单位相关负责同志参加会议。会议从茶叶生产标准化建设和重点生产环节装备研发、引进、提升等方面，提出了句容市茶叶生产全程机械化解决方案。2022 年 1 月 12 日，江苏大学农业工程学院与句容市农业农村局联合组织召开智能茶场方案论证会，会议邀请了农业农村部南京农业机械化研究所、江苏农林职业技术学院、镇江市农业科学院、江苏悦达集团等单位相关专家参加。5 月 10 日，江苏大学副校长吴春笃率农业工程学院、农产品加工工程研究院等相关单位赴句容后白良种场，商讨共建推进会、智慧农场建设等内容。5 月 26 日，全国农业科技现代化先行县（句容）共建工作推进会在句容召开。江苏大学党委书记袁寿其、副校长李红，句容市委书记潘群、副书记贾云亮、副市长徐飞出席会议。会议总结了 2021 年的工作，部署了 2022 年的重点任务。为促进共建工作全面对接，推进校地常态化交流发展，7 月 10 日，江苏大学专家服务团队赴句容市全国农业科技现代化先行县共建示范点开展“校地共建”专题对接工作。本次对接涉及的专题有：校地共建，推广专业化，走绿色生态发展之路；校地共建，推动规模化，走产业融合发展之路；校地共建，推进标准化，走农业科技产业体系发展之路。7 月 11 日，江苏大学智慧农业团队赴句容推进智慧农场项目建设共建工作。推进会进一步细化了智能设施设备采购、智慧管控平台研发、农技专家服务等 8 项实施内容，共建双方就经费预算、绩效目标等充分交流了意见。

科技服务的开展建立在实地调研的基础之上。2021 年 9 月，句容市农业农村局邀请江苏大学专家组考察商议合作共建事宜。专家组先后实地考察了白兔镇徐村草莓物联网管理示范基地、后白农场稻鸭共作生态示范基地、茅山茶场科技示范基地。11 月 23 日，句容市农业农村局副局长李祥、赵德生，党委委员束华琴带领科教与农产品质量监管科、乡村产业与信息科、农业机械管理科及后白良种场等相关科室和单位负责同志前往江苏大学白马国家农高区智慧农场，实地调研学习智慧农场的建设，商讨相关合作事宜。12 月 13 日，江苏大学流体机械工程技术研究中心党委组织教工第五党支部、2021 级研究生党支部、部分入党积极分子和关工委教师赴句容戴庄开展实践教育活动，参观生态高标准农田建设、学习“全国脱贫攻坚楷模”赵亚夫同志先进事迹。此次实践教育活动激励了师生党员的奋斗热情，提高了入党积极分子的思想觉悟，坚定了师生“强农兴农”的初心使命。2022 年 1 月 21 日，江苏大学丘陵地区特色农机团队调研句容茶博园、茅山茶场，并就茶园布局改造、栽培模式改良、配套设施完善等问题进行了交流。3 月至 5 月，江苏乡村振兴研究院院长赵亚夫多次到解塘村、大华村、徐巷村、天王村、戴庄村、墓东村进行培育生物多样性、持续修复生态、水稻绿色生态种植示范调研活动。3 月，在“全国脱贫攻坚楷模”、江苏乡村振兴研究院院长赵亚夫的带领下，句容市“亚夫团队工作室”开展送科技下乡活动，深入后白镇徐巷村、天王镇天王村、天王镇戴庄村、边城镇大华村、白兔镇解塘村、茅山镇东霞村和茅山风景区墓东村，在田间开展水稻绿色生态种植示范调研活动。3 月 10 日、6 月 10 日，江苏大学丘陵地区特色农机团队实地调研句容市东篱家庭农场，调研猕猴桃采摘装备研发情况。3 月 10 日，江苏大学刘晨晨一行 3 人在句容市茅山茶场有限公司对水肥一体化喷灌系统的数据采集、管道动态监测进行实地考察。4 月 8 日，江苏大学赴句容白兔，与镇江市草莓协会签订“江苏大学实践教学基地”协议。5 月 5 日，江苏乡村振兴研究院院长赵亚夫调研白兔镇解塘村和水木农景农牧结合、林牧结合的生态循环农业模式。5 月 10 日，江苏大学智慧农业团队赴句容后白良种场实地调研智慧农场建设前期准备情况。5 月 21 日，江苏大学丘陵地区特色农机团队实地调研句容市天王镇老曹家庭农场，调研茄果类蔬菜采摘装备研发情况。5 月 27 日，江苏大学刘晨晨、宋睿等 3 人在句容市茅山茶场有限公司利用无人机遥感技术对茶园进行数据采集，同时进行了水肥一体化喷灌系统的喷管加装电磁阀实验。6 月，句容市农业农村局、江苏大学等单位组织全市近 50 位种植大户来到下蜀镇空青村，参观春季玉米大豆带状复合种植试点。6 月 4 日，江苏大学农业工程学院相关教师赴句容茅山镇赐福火龙果家庭农场调研大豆玉米带状复合种植情况，了解专用植保机具保障情况。6 月 13 日，在位于句容的镇江国家农业科技园区，江苏大学研发的多台现代农机助力园区 600 亩大豆玉米带状复合种植模式的示范推广。为充分了解句容市农业科技现代化助力乡村振兴工作现状，8 月 5 日上午，全国农业科技现代化先行县—农业科技现代化研究金丽馥教授团队，在句容市各街道、乡镇开展农业科技现代化助力乡村振兴调研活动。8 月上旬，江苏大学丘陵地区智能灌溉团队携带专业设备去到句容市茅山茶场，对茶场现有喷灌管网及水肥一体化管理系统进行了详细的数据测量。通过此次数据分析，检测出了当前喷灌动力系统和管网布局的匹配性，以及整个喷灌系统的使用效率和效能，为后续合理规划和设计茶园整体的喷灌系统提供了数据支撑。8 月 20 日，江苏大学大学生社会实践团队前往句容市白兔镇，寻访“草莓大王”全国劳动模范纪荣喜，了解现代节水灌溉系统在草莓种植上的应用，探究乡村发展新模式，找寻乡村振兴新路径。9 月 2 日下午，江苏大学统战部部长杨敬江、句容市科技镇长团团长贾卫东走进句容市丁庄村葡萄小镇，调研特色产业引领乡村振兴、可持续发展的解决方案。

开展线上培训 8 次、线下培训 5 次。2022 年 3 月 11 日，江苏乡村振兴研究院邀请省稻田综合生态种养团队，为句容市稻田综合养殖户进行技术培训和指导。3 月 30 日，江苏大学孙泽宇教授通过网络形式，开展蔬菜穴盘机械化移栽技术培训。3 月 31 日，江苏大学杨启志教授通过网络形式，开展农民“云培训”，介绍、推广农业装备智能化技术。4 月 1 日，江苏大学胡永光研究员利用江苏“农技耘”平台组织“名优茶全程绿色高效技术与装备推广”系列专题报告。4 月 28 日至 5 月 5 日，江苏乡村振兴研究院院长赵亚夫开展有机水稻种植技术培训。5 月 11 日，江苏大学农机专家针对句容玉米大豆机械化种植与管理技术开展培训。5 月 20 日，江苏大学付为国研究员赴句容开展生态农业培训。5 月 22 日，江苏乡村振兴研究院院长赵亚夫开展“农业生物多样性”讲座。专家服务 500 余人次。8 月底，“全国脱贫攻坚楷模”赵亚夫带领亚夫科技服务团的专家，在句容市丁庄村进行葡萄产业技术培训。句容市农业农村局依托江苏大学等院校，组织了 3 期农产品质量安全监管人员培训活动，市、镇、村三级农产品监管人员 250 余人参训。9 月 9 日，“草莓种植机械化技术集成应用现场观摩培训活动”在句容市白兔镇顺利开展。江苏大学农业工程学院设施农业工程与信息技术研究院种植机械团队研发的新型草莓移栽机首次亮相并现场作业演示，助力草莓种植全程机械化。

另外，句容和江苏大学还共同举办了 3 场专业研讨会。2021 年 12 月 30 日，由江苏省农村经济研究中心和镇江市农业农村局共同主办的放大“戴庄经验”示范效应专题研讨会在句容天王镇戴庄村召开。江苏乡村振兴研究院院长赵亚夫指出：“相信有党建引领为基础，沿着共同富裕、绿色发展的道路，通过科技帮扶和市场助销等大家的共同努力，目标一定能实现。”来自江苏省农业科学院农业资源与环境研究所的马艳所长和江苏乡村振兴研究院副院长庄晋财教授分别就推广“戴庄经验”发展生态循环农业和丁庄葡萄小镇的成功之路做了交流发言。2022 年 1 月，由江苏大学和句容市政府主导的智能茶园项目在江苏大学召开建设方案研讨会，江苏大学农业工程学院蒋理着重从 3 个方面介绍了智能茶园建设总体方案讨论稿：一是全程机械化示范基地建设，主要从茶园布局规划设计、宜机栽培模式构建、生产配套设施完善和科学绿色生产规范等方面进行长远设计；二是生产智能化管理体系建设，包括茶园农情智能化感知和农机装备智能化管理；三是生产机械化装备研发，由重点装备研发与已有装备引进和集成两部分组成。与会人员就方案展开了热烈讨论。5月22日，由中国生态学学会农业生态专业委员会和江苏省农业科学院主办，镇江市委农办、市农业农村局承办，以“农业生物多样性与乡村振兴”为主题的第一届农业生物多样性培育与利用论坛在句容市赵亚夫事迹馆举行。论坛分别围绕农田生物多样性与资源高效利用、生物多样性保护与农田有害生物防控、土壤生物多样性培育与土壤健康、区域农业生物多样性评价与干预、生物多样性农业发展与政策支撑等5个专题进行了广泛深入探讨。“全国脱贫攻坚楷模”、江苏乡村振兴研究院院长赵亚夫认为：“生物多样性既是可持续发展的基础，也是目标和手段，要以自然之道，养万物之生，从保护自然中寻找发展机遇，实现生态环境保护和经济高质量发展双赢。”论坛吸引了众多国内外农业生物多样性培育与利用领域的专家、学者以线上和线下方式参与，探讨新形势下生态农业发展面临的新问题、最新研究方法以及生态农业在乡村振兴国家战略中如何更好地发挥作用，提高我国农业生态学研究水平和生态农业健康发展档次。

4.5 科技攻关项目制

农业科技现代化先行县共建需要科技攻关，科技攻关需要依托于一定的项目。句容和江苏大学在农业科技现代化先行县共建过程中，正是依托项目进行攻关，才把共建真正落到实处。句容后白良种场智慧农场项目启动实施；句容茅山茶场智能化项目已被列入句容市政府年度重点工作，项目实施方案已拟定完毕，并通过了专家论证；玉米大豆带状复合种植机械化生产示范区已确定实施区域，专用机具已到位。江苏大学指导实施江苏省农业产业体系（葡萄、蛋鸡等）综合与推广基地项目 3 个，已基本完工，并通过了体系验收；指导句容市农业科技示范基地建设项目 6 个，正在实施过程中；指导句容市农业科技示范推广项目 3 个。接下来以大豆玉米带状复合种植全程机械化技术集成与示范推广“1+1+*N*”新型农业技术推广项目为例介绍科技项目运营基础及保障，以及项目运营方式。

作为 2022 年国家重点示范推广的稳粮扩油项目，江苏省承担了 60 万亩的大豆玉米带状复合种植任务，其中句容市 3600 亩。然而“先天不足”的丘陵地区“无好机可用”的问题突出，想要实现丰产增效，研发制造实用高效的作业机具是关键。

江苏大学农业工程学院副院长贾卫东以植保环节为例解释说，化学除草一直是制约复合种植的痛点。“大豆和玉米虽然可以在一块地里生长，但喷施除草剂除草时，大豆和玉米却是‘你死我活’的关系，因此如何开展喷施作业对植保机械提出了新的挑战和要求。”为助力 2022 年大豆玉米间作新农艺推广，江苏大学搭建了专家、农机生产企业技术攻关平台，边实践边改造，从播种到收获，都持续组织专家进行线上线下指导，以确保高标准、高质量完成种植任务，并且通过助力试验示范区建设，为粮油稳产增收提供有力保障。

4.5.1 项目运营基础和保障

科技攻关项目要想运转良好，需要一定的基础和保障条件。大豆玉米带状复合种植全程机械化技术集成与示范推广项目有着切实可行的推广方式、推广流程、组织形式和保障措施。

从推广方式来看，首先要创建推广基地。江苏大学计划在镇江富华农业科技有限公司、句容市边城绿农粮食种植土地股份专业合作社、江苏恒穗生态科技有限公司、神农氏（镇江）农业开发有限公司农场等地建设4个大豆玉米带状复合种植全程机械化示范基地，在基地内集中展示大豆玉米带状复合种植全程机械化技术。要想有效推广，还要加强先进适用技术的宣传培训。通过线上线下联动，利用江苏“农技耘”、田间课堂、知识手册等形式，及时宣传推广带状复合种植先进适用装备。一项新农业技术的有效推广应用，最关键的是要发挥新型农业经营主体的作用。家庭农场和农民专业合作社承担着大豆玉米带状复合种植的主要任务，且具有较好的技术优势和资本优势，可以发挥亚夫科技团的作用，建立联系专家服务制度，推动各类新型农业经营主体成为大豆玉米带状复合种植全程机械化实践的先行者。

从推广流程来看，科技团队首先要制定与论证方案。根据大豆玉米带状复合种植机械化生产最新技术，结合镇江市农业生产实际，坚持农机农艺融合、高效绿色生产，制定大豆玉米带状复合种植全程机械化技术集成与示范推广方案，并进行专家论证。在充分论证的基础上，进行试验与改进。在镇江国家农业科技园区及镇江市内主要家庭农场先行先试，探索优化示范推广方案，形成可示范、可推广的技术模式和方案。在试验与改进成功的基础上，进行示范与推广。在示范基地内，通过田间课堂等方式推广带状复合种植全程机械化技术和先进适用装备。

从组织形式来看，要充分发挥农机化技术推广服务站的作用。农机化技术推广服务站组织立项论证和实施中的检查指导，根据大豆玉米带状复合种植模式，拟定机械化技术推广措施建议和生产作业技术标准，并开展人员培训。要更好发挥首席专家团队的作用。发挥首席专家在科技上的骨干支撑作用，使其在试验示范推广、解决关键性技术问题和培养农技人员等方面发挥关键作用。首席专家团成员利用自身技术优势，做好技术集成与示范应用。要发挥示范基地带头作用。示范基地是大豆玉米带状复合种植全程机械化技术集成与示范推广的重要载体，是推动先进农业技术传播和先进适用装备应用的重要展示平台，要推进成果转化、技术推广、农民培训在示范基地融合贯通。

从保障措施来看，要强化制度保障。成立以首席专家为组长的指导组，项目参加人员为成员。建立定期观摩现场推进制度。围绕项目实施方案，细化实施细则、步骤进度、工作举措，明确责任分工，量化工作指标，责任到人。同时要做好技术保障。发挥好首席专家团队的作用，搭建专家与农户沟通平台，举办大豆玉米带状复合种植全程机械化研讨会。此外还要加强资金保障。合理规范使用资金，保障项目有效、有序、有力推进。鼓励项目参加单位自筹资金推动带状复合种植全程机械化。

4.5.2 以“1+1+N”等方式运营项目

大豆玉米带状复合种植全程机械化技术集成与示范推广项目通过集成应用“大豆玉米带状复合种植技术”、“玉米密植高产全程机械化生产技术”、“大豆机械化生产技术”、农业“三减”（减少化肥、减少农药、减少除草剂）技术等全国农业主推技术，实现大豆玉米带状复合种植全程机械化。主要实施内容为：推广精量播种施肥技术。针对带状复合种植小株距密植等特点，推广使用“2+4”密植分控免耕播种机和播种传感监测装置，实现穴距可调和种量实时检测，保证大豆玉米在高密度、小株距情况下的精量播种精度；针对带状复合种植大施肥量和玉米大豆所施肥料品种不同，推广施肥传感监测装置，实现肥料堵塞检测，玉米施肥量和大豆施肥量可调。开展大豆玉米带状复合种植专用植保机技术集成与推广应用。针对苗后除草作业环节，大豆玉米分别采用不同的除草剂类型，并要求实现隔离定向喷雾作业的要求，本项目推广应用在线混药技术、宽幅喷杆分带定向喷施和物理隔离技术，对现有传统自走式喷杆喷雾机进行升级改造，提高苗后除草作业精准化水平。推广应用农药精量高效施用技术与装备。在苗后化学调控和病虫害防治植保作业中，推广应用静电喷雾施药技术、变量喷雾施药技术，推广应用自走式高地隙喷杆喷雾机、植保无人机等高效施药装备，保证带状复合种植模式的高产稳产。推广应用节水灌溉技术。丘陵地区农田灌排基础设施相对薄弱，农业生产易受干旱威胁，为保证大豆玉米带状复合种植产量，应根据土壤墒情适时开展节水灌溉，推广应用适用于丘陵地区的高效节水灌溉装备。推广应用机械化低损收获模式与装备。玉米果穗苞叶干枯、籽粒乳线消失且基部黑层出现时，开始玉米收获作业；大豆叶片脱落、茎秆变黄且豆荚表现出本品种特有的颜色时，开始大豆收获作业。推广应用适用于丘陵地区的中大喂入量小型自走式玉米收获机。

本项目采取了“1+1+N”的项目运营方式。“1+1+N”是指1个专家团队，1个农业技术推广站，N个示范基地（合作经营主体）。在大豆玉米带状复合种植全程机械化技术集成与示范推广“1+1+N”新型农业技术推广项目中，专家团队负责人有着很高的农业机械化专业素养，有专家负责专用植保机具的选型、优化，有专家负责航空植保无人机高效精准作业，有专家负责农田节水灌溉技术，有专家负责试验方案设计，有专家负责精量播种施肥技术，有专家负责机械化低损收获，有专家负责试验系统布设。专家团队由句容市农机化技术推广服务站、句容市农业技术推广服务中心、句容市农业农村局、边城镇农业农村局的14位专家组成。镇江富华农业科技有限公司、神农氏（镇江）农业开发有限公司、江苏恒穗生态科技有限公司、句容市边城绿农粮食种植土地股份专业合作社4个示范基地有专人负责。

句容市老方葡萄科技综合示范基地同样采取了“1+1+N”的项目运营方式。老方葡萄科技综合示范基地利用自身较完备的体系建设，与江苏大学等高校院所协同创新，积极开展阳光玫瑰葡萄标准化栽培技术集成与示范推广、葡萄新品种（黄金玫瑰、夜色玫瑰等）引选及示范、微型害虫综合诱杀技术示范推广，构建了“首席专家团队+本地推广团队+若干示范户”的现代农业科技服务体系。2021—2022年度，该基地已建立稳定示范点5个、对接示范户20个，示范推广阳光玫瑰葡萄种植面积756亩，开展培训350人次、技术指导和培训服务109天次，关键环节、时间赶赴现场解决生产中的技术难点问题3次。

实践证明，“1+1+N”的项目运营方式对于农业科技的推广很有实效。正如《关于加强农业科技社会化服务体系建设的若干意见》中所提到的，“坚持人才下沉、科技下乡、服务三农，发挥县域综合集成农业科技服务资源和力量作用，引导各类科技服务主体深入基层，把先进适用技术送到生产一线，加速科技成果在农村基层的转移转化，着力解决农村生产经营中的现实科技难题，进一步提升广大农民获得感、幸福感”①。

经过一年多的共建，“部省县协同+小组负责制、重点任务制、科技服务团队制、供需联络对接制、科技攻关项目制”的“五位一体”工作机制发挥了重要作用，相信这一机制的进一步完善和发展必将助推句容农业科技现代化先行县建设目标的达成。

① 农业农村部科技教育司、全国农业技术推广服务中心组编《2021中国农业技术推广发展报告》，中国农业出版社，2022，第177页。

第5章　以农业科技现代化助力乡村振兴的质性与结构方程模型分析

近年来，我国农业农村发展取得了较大成就。习近平总书记对农业科技、农村发展问题一直高度重视，他多次强调农业现代化的关键是农业科技现代化①，要抓住实施乡村振兴战略的重大机遇，坚持农业农村优先发展。乡村振兴，本质上是农业农村现代化的过程。目前，句容市农村科技创新基础比较薄弱，创新资源配置较少，要想顺利推进乡村振兴战略，发展农业经济，亟须提升句容市科技创新驱动发展能力，从而高质量打赢并巩固脱贫攻坚战，绘好乡村振兴美丽画卷。

5.1　农业科技现代化助力乡村振兴的理论模型构建——基于扎根理论

本节基于扎根理论，通过研究设计与访谈实施，深入农村进行实地调查，经过开放式编码、主轴编码以及选择性编码的过程得出初步理论，再通过分析综合编码结果以及相关参考文献，最终构建出农业科技现代化助力乡村振兴的理论模型。

5.1.1　扎根理论应用方法简介

扎根理论是运用系统化的程序，针对某一现象来发展并归纳

---

① 李斌：《聚焦稳产保供、提质增效　持续深化科技强农、机械强农》，《宁波通讯》2022年第8期。

式地引导出扎根的理论的一种定性研究方法。它强调从资料中提升理论，通过对资料的深入分析，逐步形成理论框架。扎根理论从原始资料入手，以经验事实作为依据，将资料从下往上不断进行归纳和浓缩，使得出的理论与资料相吻合，从而使理论可以用来指导人们具体的实践活动。

（1）首要任务

扎根理论的首要任务是建立实质性的理论。所谓实质性的理论，是指介于特定时间、特定地点的理论，介于抽象概念与微观操作假设之间的理论，建立在真实原始资料基础上的理论。它不是只有一个单一的构成形式，而是将许多不同的概念和观点整合、浓缩，使之成为一个密集型的整体，可以为更加广泛的现象或领域提供意义解释。

扎根理论强调研究者对理论要保持敏感，认为严谨、系统的理论比纯粹的描述更加具有解释力度。在设计、收集和分析材料的时候，研究者应该对原始资料、前人的理论、自己现有的理论等都保持高度敏感，并在实践中注意捕捉新的线索，归纳、总结现有的资料信息，构建新的理论。

（2）思路分析

比较是扎根理论分析的主要方法和基本思路。扎根理论要求研究者在资料和资料之间、理论和理论之间不断进行比较，并从它们的相互关系中提炼出有关属性。这种比较通常可分为以下4个步骤。① 分类比较：研究者需根据概念的不同对收集到的资料进行分类，将资料进行编码并将其归到尽可能多的概念类属之下，再将编码之后的资料在相同或不同的概念类属中相互比较，使每一个概念类属都找到自己的属性。② 关联整合：对比这些已经分好类的概念类属，分析它们之间的关系并通过某种方法将它们联系起来，将相关概念与它们的属性进行关联整合。③ 初步勾勒：根据已经对比和整合好的资料，勾勒出一个初步呈现的理论并将其进行外延，再将其与原始资料进行对比验证，得出更加优化的理论。④ 得出理论：在优化初步理论的基础上，描述出所掌握的概念、类属、资料属性等，对理论进行系统化的陈述，从而回答所研究的问题。

（3）理论抽样

在分析资料、生成初步理论的过程中，研究者要注意资料和理论之间的相互关系，前一步骤形成的理论可以指导后一步骤对于资料的收集、选择、分析和处理。可以说，前一步的理论对后一步的操作具有导向作用，可以为研究者提供操作方向，指导研究者开展下一步工作。这就体现了理论编码的重要性，研究者对于资料的分析不应仅停留在机械的语言编码上，还应不断地对资料的内容进行假设，将假设与资料进行验证，从而一步步产生系统的科学的理论，再将这些理论对资料进行编码。对资料进行逐级编码是扎根理论中最重要的一环，其中包括 3 个级别的编码：开放式编码、主轴编码和选择性编码。

（4）理论应用

研究者在生成理论的过程中，应适当、适量地采用前人的理论，若一味地将别人的理论往自己的资料上套或者把自己的资料往别人的理论里套，反而会适得其反，不但束缚了自身的思路，还会使理论的得出不够科学严谨。

同时，扎根理论认为，在建构理论时研究者的个人解释也可以起到重要的作用。研究者收集到的原始资料、前人的研究成果和研究者个人的理解之间其实是相互联系、相辅相成的，研究者之所以可以“理解”资料，是因为他们在分析资料的过程中带入了自己的经验性知识，那么从资料中生成的理论其实也是资料与研究者个人解释之间不断互动和整合的结果，是上述三者之间的互动所产生的效应。

5.1.2 研究设计与访谈实施

一直以来，我国政府都高度重视农业农村的经济发展。2017 年 10 月 18 日，习近平总书记在党的十九大报告中提出乡村振兴战略；2022 年 2 月，中央一号文件《中共中央 国务院关于做好 2022 年全面推进乡村振兴重点工作的意见》公布，提出全面推进乡村振兴重点工作。我国为此采取了众多改革举措和应对措施，其中科技助力乡村振兴成效最为显著，这是新时代信息化背景下发展农村经济的新方法、新形式、新突破①。

扎根理论作为质化研究的重要方法，对于我国农业经济的定性研究有着很强的适用性。扎根理论强调从经验事实到实质理论的跃升②，对现实的、原始的数据和访谈资料等进行归纳总结，产生系统的、理论的研究结果。本书选择采用扎根理论的方法，通过走访镇江句容市的农村村干部及普通村民，以客观的视角、学习的心态去了解句容市农业科技现代化与乡村振兴的相关情况和被采访者对于农业科技现代化助力乡村振兴的看法，从实际出发，研究促进农业经济发展的新路径。

（1）研究设计

本书基于扎根理论的研究方法分析当下影响句容市乡村振兴的重要因素，对比各项访谈、问卷调查等收集到的数据结果，通过合理假设、科学推理，得出新时代能够推进乡村振兴建设的途

---

① 刘宇：《以科技自立自强引领乡村全面振兴》，《农村 · 农业 · 农民（A 版）》2022 年第 1 期。

② 张振鹏：《基于扎根理论的文化企业商业模式创新机理研究》，《理论学刊》2022 年第 4 期。

径和方法。

数据收集方面，本书以一手数据为主，二手数据为辅。为全面了解句容市农业科技现代化与乡村振兴建设的相关情况，本书以句容市各个镇、县农村村民为调研对象，对农村的基础设施状况、农产品交易情况、农业科技运用情况等进行调查和研究，为课题研究提供一手数据。同时，本书还对研究所需的专著、论文以及中央关于乡村振兴战略的研究等相关文献资料进行了梳理和分析，为课题研究提供理论支撑和政策依据。在研究过程中，主要以深度访谈法收集到的原始访谈资料为主，进行提炼、归纳。调研形式方面，本书以深度访谈为主，问卷调查、案例收集为辅的形式，收集农村居民的平均生产面积、家庭人口、农产品收入、家庭主要收入来源、生产方式、农产品年产量等数据。

本书选取江苏省镇江句容市新坊村、二圣村、光明村、林梅村、衣庄村、胜利村和五渚坊村 7 个村庄进行田野调查，试图了解当前句容市农业科技现代化助力乡村振兴的基本情况，并尝试给出能够帮助其农业经济取得更大发展的建议。通过前期的资料查阅以及多方打听，最终选取了上述 7 个具有代表性的村庄进行实地调研，虽然难以了解到句容市每一村每一户农民的真实看法，但普遍性与特殊性相互联结，普遍性寓于特殊性之中，并通过特殊性表现出来。通过科学对比进行典型抽样，选取能够代表当下句容市农业科技现代化发展状况的村庄，为全面分析句容市乡村振兴的前景和措施提供有价值的资料，无论从研究方法的可行性还是研究结果的可信度而言，都是值得肯定的。为此，调研团队通过对句容市典型村庄的农民发放问卷、面对面访谈的方式了解句容市农村村干部和普通村民对农业科技现代化助力乡村振兴的看法，以及对村庄发展、国家相关政策的建议，为实施深度访谈提供可行性研究。

以二圣村为例，通过问卷和访谈调研，调研团队了解到二圣村的常住人口为3505人；男女比例1∶1.05，比较平衡；年龄在60岁以上的占大多数。自党的十九大以来，村庄人口逐年递减，原因多为外出打工、上学和搬去城区。村里自然地理条件还不错，大概平均每户有0.5亩地，总耕地面积7926亩；种植规模4045亩，主要种植水稻、小麦等经济作物，还有水果、蔬菜等农产品。

随着社会经济的发展和该村经济的壮大，村里的基础设施建设越来越完善。生活用水为全市统一供应的自来水；耕地灌溉主要是地表水；居民用电按市国家电网标准缴费；村内5G信号全覆盖，宽带覆盖全村，以电信和移动网络为主；村里交通十分便利，整村实现道路硬化，大的自然村已完成沥青道路的建设，修建费用主要来自涉农项目资金和由村集体自筹；全村快递使用统一收件地址，集中在村内完成所有快递的收发，现在物联网发展得十分迅速，村里的通信、物流等发展得都不错。

二圣村还比较重视教育、医疗设施的发展，力图为村里的老人、小孩提供更安全、更美好、更健康的生活保障。村内有一所幼儿园、一所小学，分别是二圣幼儿园和二圣小学，都有专门的校车接送，孩子们的教育和安全还是有一定保障的。村内有自己的卫生院，要是需要买药，可直接在卫生院购买。村民新农合参保率达100%，一般小病就选择在句容市人民医院医治，大病基本选择在南京三甲医院医治。村内60周岁以上的常住老年人约600人，基本上都是居家养老或者在民办养老服务中心养老。村里配备有2处农家书屋，藏书6000册，全天对外开放；供村民参加文化活动的场所有6处，面积共计6000平方米。该村在全镇率先实行垃圾分类，率先使用无接触智能垃圾分类箱，每月开展垃圾分类星级文明户的评选，还设有垃圾分类积分兑换超市。近2年来该村厕所改造率达100%。

除此以外，二圣村近年来还在尝试推进社区网上服务、农业科技信息服务的平台构建，力图为村民提供有效的农产品收购市场信息；为做好农产品区域品牌初加工，还专门聘请了农业专家在线为农民解决农产品区域品牌生产难题。同时，村内还设有电子商务进农村综合示范点、大数据赋能农村实体店、智慧休闲农业平台、休闲农业数字地图等，试图努力跟上互联网时代的发展速度，推进新农村建设，推进乡村振兴，助力二圣村农产品产业的发展。

2022年句容市典型村庄的农业科技现代化发展情况如表5.1所示。

表5.1　2022年句容市典型村庄的农业科技现代化发展情况

村庄	总耕地面积/亩	主要农产品	是否规划过农业科技现代化
句容市后白镇二圣村	7926	葡萄、草莓	是
句容市边城镇光明村	3020	白茶	否
句容市后白镇林梅村	5500	黄桃	是
句容市边城镇衣庄村	1800	蔬菜、水果	是
句容市郭庄镇五渚坊村	4502	水产、稻米	是
句容市郭庄镇胜利村	5210	稻米	否
句容市华阳街道新坊村	3100	鹅肉	是

以调研团队获取的句容市典型村庄的农业数据为参考，本书进一步围绕农业科技现代化助力乡村振兴的主题，针对个例访谈中存在的问题进行修改，以全市农民为调研对象实施深度访谈。实施深度访谈时，调研团队首先通过“您或家庭成员中是否有农民?”“您

的家庭是否种植并出售农产品?”等问题对受访者的身份进行筛选，选取符合调研条件的受访者进行抽样调查。为多方面实地了解当地农业科技现代化的现状，调研团队还对村委工作人员进行问卷调研，从而全面了解村庄人口数、耕地数、人口流动、农产品交易和“互联网+”特色农产品的真实发展情况等。

在访谈实施过程中，为了提高数据收集效率以及数据的有效性，调研团队对以下几方面进行了重点考量：

1）访谈形式和地点的选择

采取线上访谈和线下访谈相结合的形式。线下调研以挑选的句容市7个典型村庄为主要地域范围。调研团队走访了句容市的农村，以深度访谈、问卷调查的形式面对面与农民交流。为确保调研对象覆盖区域的广泛性，保证调研数据的代表性和有效性，线上调研面向整个句容市的农民，主要以问卷调查、电话访谈等形式进行。

2）访谈时间的安排

线下调研的受访者多为从事农地耕作的农民，考虑到白天农民大都忙于耕种，访谈和问卷发放尽量集中在晚上6:30以后。而线上调研的受访者大都为了解家庭农地种植情况的农民家属，多数为上班族或学生，因此调查问卷的发放和电话访谈的实施主要安排在工作日晚上6:30以后以及休息日。调研时长方面，线下面对面访谈的平均时长为30分钟至1个小时，具体时间视不同受访者的实际情况调整，但考虑到访谈的信息量以及调研的工作量等因素，访谈时长至少15分钟，至多2个小时；线上调研的方式具有一定的不可控性，考虑到调研时间过长会导致受访者产生疲劳、厌倦心理，问卷题量控制在20分钟以内，电话访谈时长视受访者配合程度调整，大多控制在10分钟至30分钟。

3）可行性研究及修正调整

正式实施访谈前，调研团队会根据初期参与调查的受访者对问题的回答对访谈问题和调查问卷进行第二轮可行性调查，邀请初期参与调查的受访者从自身角度提出对访谈问题的看法。同时，调研团队会在对农民进行直接调查的过程中，根据反馈信息，针对提问角度、调研团队人员语言适当性、问题覆盖全面性等方面进行检查，适当修正访谈和调查问卷的内容。

4）访谈实施策略

面对面访谈实施过程中，需根据受访者状态的不同灵活调整采访策略。当受访者在访谈过程中态度消极，拒绝对某个或某些问题做出回答时，应当适时了解原因并采取应对策略；若受访者对访谈持消极抵抗态度，可适当考虑放弃，寻找新的受访者。当受访者在访谈过程中持积极态度但回答内容偏离研究范围时，可通过适当提问引导话题转向访谈内容。实施访谈时，调研小组应分配1~2人进行文字记录、1~2人对访谈进行录音、1~2人视访谈进行情况补充提问。

（2）访谈设计

1）访谈对象选取

为全面了解句容市农业科技现代化助力乡村振兴的情况，本书以句容市的农户群众为对象进行线上及线下调研。其中，线下调研采取深度访谈、问卷调查等形式，线上调研以问卷调查形式为主。

同时，为了确保研究课题的可行性，在实施深度访谈前，调研团队以句容市7个村庄的农民为个案分析对象。案例收集调研涉及江苏省句容市新坊村、二圣村、光明村、林梅村、衣庄村、胜利村和五渚坊村7个村庄，采取抽样调查的方法共统计了865户农户家庭的人口、受教育水平、耕地面积、农产品收入、家庭主要收入来源、生产方式、农产品年产量等情况。

本书还以江苏省为线下调研范围，在句容市各个村庄展开对农业科技现代化助力乡村振兴情况的调查和研究，分别从不同村庄中选择具有一定典型性和代表性的农户作为调研对象，采用参与观察、深度访谈、抽样调查等方法，对农村居民生产农产品的种类、销售农产品的收入、运用的生产技术、销售渠道、销售平台等进行调查研究。

本次调研共向农户发放问卷 800 份，经过对回收来的问卷进一步筛选和甄别，最终确定有效问卷 483 份。调查问卷的内容涉及农户所在家庭的基本情况，包括人口数、教育水平、农业劳动者人数、耕地亩数等基本情况，以及农村居民生产农产品的收入、生产方式、农产品年产量、生产采用的科学技术等农业科技应用方面相关的基本信息。此外，为了全方面实地了解当地农业科技现代化的现状，分析影响乡村振兴建设的相关因素，为课题研究掌握第一手资料，调研团队还对村委工作人员进行了问卷调研，调研村庄人口数、耕地数、人口流动、农产品交易和“互联网+”特色农产品的真实发展情况等信息。

2）访谈步骤设计

调研团队首先对农村居民的基本信息进行初步了解，筛选出符合条件的农户，确定调研对象后再对受访者逐一进行深度访谈。访谈步骤主要分为以下 3 个部分：

第一部分以基础性问题为主。调研团队首先对受访者的性别、年龄、婚姻状况、家庭人口、家庭受教育情况、家庭可支配收入、主要收入来源等基本情况进行了解。为保证访谈顺利进行以及反馈信息的真实性，调研团队应当就所获得调研资料的保密性对受访者做出郑重承诺。

第二部分以启发式问题为主。为了解受访者获得农民财产性收入的现状，调研团队围绕农户家庭土地情况、农产品生产方式、农产品销售方式、销售渠道、销售收入等方面可适当为受访者提供一个或多个选项，以“选择”的方式使受访者给出最符合自身实际情况的答案。当受访者给出的答案模棱两可时，可针对受访者的回答进行追踪提问。

第三部分以开放性问题为主，这也是访谈最重要的部分。调研团队基于前两部分了解到的农户个人及家庭农产品生产的基本情况，通过给出开放性问题，如“您对您家庭农产品收入现状是否满意?”“您对现有的土地政策、生产方式是否满意?”等，引导受访者结合自身实际情况对问题进行深入回答。

3）访谈实施过程

为保证获取的调研资料以及研究对象范围覆盖程度的最大化，访谈采取目的性抽样与异质性抽样相结合的方法。面对面访谈的地理范围以选取的句容市 7 个村庄为主，对 7 个村庄以外的句容市受访者则主要以电话等方式进行访谈。调研团队采取抽样调查的方法，从不同区域中选择具有典型性和代表性的农户作为调研对象，在句容市随机选择 5~6 个乡（镇），在每个乡（镇）中随机选择 2~3 个单位，形成 7 个样本村庄的调研样本。此外，为全面了解村庄人口数、耕地数、农产品生产收入、农业科技的应用等真实情况，调研团队还对村委工作人员进行了问卷调研。

调研以访谈结合问卷调查的方式进行，对受访者进行 30 分钟至 1 个小时的面对面访谈或 10 分钟至 30 分钟的电话访谈。调查问卷内容包括农民所在家庭的基本情况（人口数、教育水平、农业劳动者人数、耕地亩数等基本情况）以及农村居民农产品收入、可支配收入、农村基础设施状况、公共服务状况、农业科技宣传状

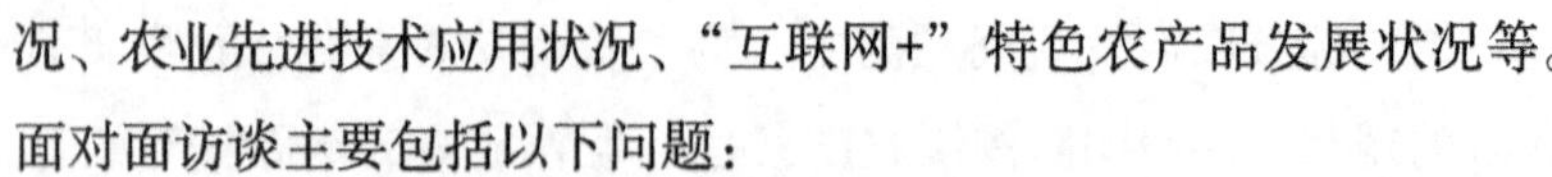

况、农业先进技术应用状况、“互联网+”特色农产品发展状况等。面对面访谈主要包括以下问题：

① 您认为村里近几年的农业经济发展得如何？未来有何规划设计？

② 村里对国家美丽乡村建设与乡村振兴等战略开展落实情况如何？

③ 目前村里已经应用了哪些农业科学技术，又有哪些具体措施？

④ 在实施数字化建设和发展农业科技的过程中遇到过哪些挫折和困难？

⑤ 村里教育、医疗等各种设施的发展情况如何？

⑥ 村里供水、供电、通信、道路等基础设施建设如何？村民们是否满意？

⑦ 村里是否有自己的特色农产品？在“互联网+”特色农产品的产业链这一块发展得如何？

⑧ 村里村支部党建引领情况如何？村里“三治融合”（自治、法治、德治融合）落实情况如何？

5.1.3 研究范畴提炼：开放式编码、主轴编码、选择性编码

扎根理论是一种基于直接观察事实情况，对收集到的原始资料进行归纳，概括经验，并把经验上升到系统理论的定性研究方法。扎根理论的主要特点是它从经验事实中抽象出了新的概念和思想，这是一种自下往上建立实质理论的方法，即在系统性收集资料的基础上寻找反映事物现象本质的核心概念，再通过这些概念之间的联系建构相关的社会理论。它分为开放式编码、主轴编码以及选择性编码 3 个过程，先是从资料中抽象出概念，再将概

念范畴化，建立概念范畴之间的复杂关系，最后在此基础上构建出理论。扎根理论研究的思维框架如图 5.1 所示。

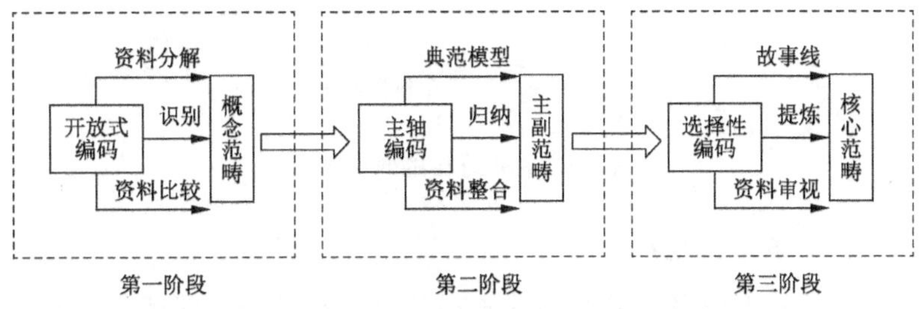

图 5.1　扎根理论研究的思维框架

深度访谈是定性调查的一方面，是一种无结构的、直接的、一对一的访问形式。深度访谈是访问者针对某一论题与被访问者进行一对一方式的谈话，用以采集被访问者对某事物的看法，或做出某项决定的原因等，并通过谈话对某一问题获得更深入的了解，在此基础上提出解决问题的思路和方法。它是一种无结构访谈，最大长处就是弹性大，灵活性强，有利于充分发挥访谈双方的主动性和创造性。扎根理论也是同样的定性研究方法，其核心原理是从原始经验性资料入手，建立符合研究目标的假设理论。扎根理论为通过深度访谈方法建构理论提供了手段和策略。

鉴于国内对我国农业科技现代化助力乡村振兴的研究多以定量研究为主，定性研究较少，基于深度访谈方法具体应用扎根理论对我国乡村振兴路径开展的研究更是少之又少，因此本书将深度访谈研究与扎根理论方法相结合，基于扎根理论对有关句容市农业科技现代化助力乡村振兴的原始访谈文本进行编码，并参考相关文献理论资料提出假设路径，最终建构出农业科技现代化助力乡村振兴的理论模型。本书有关扎根理论的研究流程如图 5.2 所示。

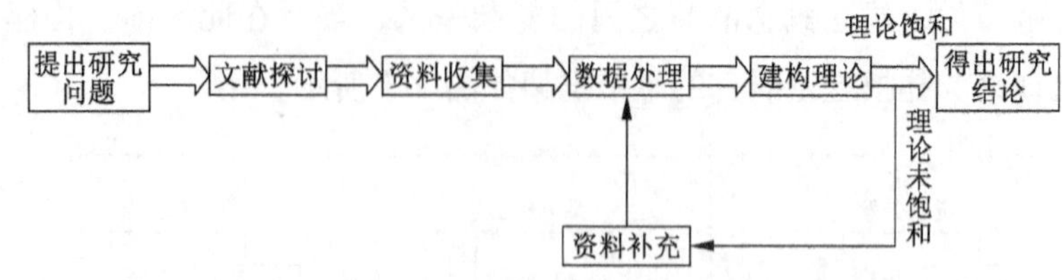

图 5.2　扎根理论的研究流程

（1）开放式编码

开放式编码是对原始访谈资料的第一轮编码，即逐条登录收集到的访谈资料，通过不断筛选和总结，给记录数据贴上概念化的标签，最终抽象出饱和化的概念和范畴，用概念和范畴来反映资料内容。因此，开放式编码包括贴标签、概念化以及范畴化3个过程。进行开放式编码的过程也是不断缩小访谈资料范围的过程，一般要先将访谈资料按受访者的不同回答划分为多种类型，然后对原始资料进行分解，以便进行提炼和范畴化。

实施开放式编码的过程中应当遵循以下几个基本原则：第一，详细记录原始数据资料的信息，直到达到最终的饱和状态，注意实时检查，防止漏掉重要的信息；第二，逐行分析资料数据，观察并寻找访谈资料中可以作为代码的原始语句；第三，初步命名代码的阶段可适当不考虑命名的合理性；第四，分析与资料相关的一些概念维度，将这些概念维度进行横向比较，检查饱和性；第五，着重注意记录相关的词汇、语句、过程、意义和事件等相关信息。

本书遵循扎根理论注重从原始材料中提炼、分析得出结论的基本原则，对调研团队收集来的原始访谈资料自上而下进行逐字逐句分析。在确保全面收集有关数据信息的基础上，基于原始访谈资料进行编码，得出初步化的概念和范畴。开放式编码过程中范畴的命名部分来自相关文献，部分截取自访谈原文，还有部分是此前学者关于农业科技现代化助力乡村振兴的总结结果。对句容市农业科技现代化助力乡村振兴研究的初次开放式编码过程如表 5.2 所示。

表 5.2　句容市农业科技现代化助力乡村振兴的开放式编码过程

原始访谈资料	概念化	范畴化
“征地这事儿啊我可得跟我家里人商量一下……我们家毕竟种这个桃子很多年了，我老伴儿也未必会同意啊”（b1）	土地征用（b1）	所有权制度（b1）
“村里为有意愿、有能力的农民提供优惠政策、创业帮扶、实务培训，促进农村电商兴农富农”（b2）	产业优惠政策(b2)	农业扶持政策（b2）
“村里的水肥药施用、农药残留等都受到镇农业农村局依照《环境保护法》等法律法规全程监管，指导用药”（b3）	相关法律条例和办法（b3）	农产品市场监管（b3）
“比起做小生意，我们种田成本小，但是利润也小”（b4） “村里土地流转很多都是口头说一下，没有合同，容易发生纠纷”（b5）	产权保护（b4） 土地纠纷（b5）	法律援助（b4）
“句容每年开展新型职业农民培训 5000 多人次，新型职业农民培育程度达 55%”（b6）	人才培养、引进和管理（b6）	人才振兴战略（b5）
“配套农旅结合项目，比如水果采摘、亲子乐园、农家乐等”（b7）	发展产业链（b7）	规划设计（b6）
“打造‘村美鹅肥、坊坊飘香’的品牌形象，着力把新坊建设成为‘江苏鹅文化第一街’”（b8） “以美食街为载体，融合特色餐饮、农业观光、农园采摘、农俗体验等功能”（b9） “以鹅美食文化为主题、坊文化和花灯文化为扩充……形成富有农俗文化内涵的特色乡村旅游基地”（b10）	龙头企业（b8） 发展服务业（b9） 开发旅游业（b10）	特色产业（b7）

续表

原始访谈资料	概念化	范畴化
“近年来村里在尝试推进社区网上服务、农业科技信息服务的平台构建，力图为村民提供有效的农产品收购市场信息”（b11） “专门聘请了农业专家在线为农民解决农产品区域品牌生产难题”（b12）	信息基础设施（b11） 信息共享平台（b12）	信息服务体系（b8）
“全力提升农业标准化种植、土壤改良、梳花梳果等实操本领，推进产品改良”（b13）	产品改良（b13）	产品（b9）
“生产专用设备投入情况良好，基本实现机械化”（b14）	智能机器设备（b14）	农业设备（b10）
“那些大学生啊专门来村里开了网络电商培训会”（b15）	互联网销售平台（b15）	农业数据（b11）
“村内有一所幼儿园、一所小学，分别是二圣幼儿园和二圣小学，都有专门的校车接送，孩子们的教育和安全还是有一定保障的”（b16） “村内有自己的卫生院，要是需要买药，直接在卫生院购买就行”（b17） “村内 60 周岁以上的常住老年人约 600 人，基本上都是居家养老或者在民办养老服务中心养老”（b18） “村里配备有 2 处农家书屋，藏书 6000 册，全天对外开放；供村民参加文化活动的场所有 6 处，面积共计 6000 平方米”（b19） “我村在全镇率先实行垃圾分类，率先使用无接触智能垃圾分类箱，每月开展垃圾分类星级文明户的评选，还设有垃圾分类积分兑换超市。近 2 年来我村厕所改造率达 100%”（b20）	教育（b16） 医疗（b17） 养老（b18） 文化（b19） 生态（b20）	公共设施（b12）
“生活用水为全市统一供应的自来水；耕地灌溉主要是地表水”（b21） “居民用电按市国家电网标准缴费”（b22） “村内 5G 信号全覆盖，宽带覆盖全村，以电信和移动网络为主”（b23） “村里交通十分便利，整村实现道路硬化，大的自然村已完成沥青道路的建设，修建费用主要来自涉农项目资金和由村集体自筹”（b24）	供水（b21） 供电（b22） 通信（b23） 道路（b24）	基础设施（b13）

续表

原始访谈资料	概念化	范畴化
“我们村还在发展农机智能作业与调度监控、智能分等分级决策系统”（b25）	农机智能作业与调度监控（b25）	农机监管（b14）
“全村快递使用统一收件地址，集中在村内完成所有快递的收发，现在物联网发展得十分迅速，村里的通信、物流等发展得都不错”（b26）	农产品电商交易物流（b26）	物联监管（b15）

基于原始访谈资料，本书通过开放式编码过程提炼出土地征用、产业优惠政策、相关法律条例和办法、产权保护、土地纠纷、人才培养引进和管理、发展产业链、龙头企业、发展服务业、开发旅游业、信息基础设施、信息共享平台、产品改良、智能机器设备、互联网销售平台、教育、医疗、养老、文化、生态、供水、供电、通信、道路、农机智能作业与调度监控、农产品电商交易物流共 26 个概念，以及所有权制度、农业扶持政策、农产品市场监管、法律援助、人才振兴战略、规划设计、特色产业、信息服务体系、产品、农业设备、农业数据、公共设施、基础设施、农机监管、物联监管共 15 个范畴。

（2）主轴编码

主轴编码是开放式编码后的第二轮编码，即在开放式编码的基础上反复分析和思考开放式译码所得到的概念和范畴，厘清它们之间的相互关系，从而得出更为抽象的主范畴。在主轴编码过程中，研究者会先确定一个“轴心”，再围绕这个“轴心”寻找相关关系，即逐一对其中各个类属进行深度分析，使不同类属之间的关系更加具体、联系更加紧密。在分析这些概念类属的关联性时，研究者既要考虑到它们本身存在的联系，还要结合研究者表达这些概念类属的目的，使他们的言语符合当时的语境和他们所处的社会文化背景。

根据受访者的回答以及上述范畴在开放式编码过程中出现的频率等因素，归纳出“法制环境”“人才政策”“数字化乡村”“智慧农业”“数字化治理”5个主范畴，这也是目前影响句容市农业科技现代化助力乡村振兴的主要因素。最终归纳得出的深度访谈主轴编码结果如表5.3所示。

表5.3　句容市农业科技现代化助力乡村振兴的主轴编码结果

范畴	主范畴	主范畴内涵
所有权制度 农业扶持政策 农产品市场监管 法律援助	法制环境	法律制度体系、法律秩序、公民的法制观念和法律意识等影响农业科技现代化助力乡村振兴的因素
人才振兴战略	人才政策	政府为促进农业经济发展和乡村振兴而对有专业知识、专门技能的高素质劳动者推出的优惠政策
规划设计 特色产业 信息服务体系	数字化乡村	把互联网、信息化、数字化运用到农村经济发展中来的乡村建设形态
产品 农业设备 农业数据	智慧农业	充分应用现代化信息技术成果实现农业可视化远程诊断、远程控制、防灾应急等智能管理的农业生产高级阶段
公共设施 基础设施 农机监管 物联监管	数字化治理	在公共服务、社会治理、社会文化建设等方面以数字技术为核心驱动力，以现代信息网络为重要载体的数字化、网络化、智能化新型治理模式

（3）选择性编码

要想进一步确定出核心范畴，光靠开放式编码和主轴编码是不够的，还需通过选择性编码来完成。选择性编码系统地将核心范畴和其他范畴联系起来，验证它们之间的关系，并把尚未开发完备的概念化的范畴补充进来。选择性编码可以识别核心范畴，利用访谈资料分析和验证核心范畴与主范畴之间的联系。核心范畴的确定需要遵循以下原则：① 选取的核心范畴应当具有代表性，能反映出受访者所述内容的一般规律；② 选取的核心范畴应当能与其他范畴建立自然关联，而非需要借助特殊条件才能产生；③ 选取的核心范畴出现频率应当较高，且对应的范畴性质较为稳定。

通过综合编码结果以及参考相关文献，本书最终确定出法制环境、人才政策和乡村振兴这3个核心范畴。相关农业法律条例、办法不健全等法制环境因素，人才培养、引进与管理不充分等人才政策因素，以及信息服务体系不完善等因素均是制约句容市农业科技现代化助力乡村振兴的重要影响因素。

围绕以上范畴开发的故事线可以概括为：现阶段，法制环境、人才政策、数字化乡村、智慧农业、数字化治理等因素直接制约句容市农业科技现代化助力乡村振兴的发展。其中，法制环境包括所有权制度、农业扶持政策、农产品市场监管、法律援助等；数字化乡村主要涉及乡村振兴的规划建设、乡村的特色产业发展、信息服务体系等；智慧农业包括产品、农业设备和农业数据等；数字化治理主要指公共设施、基础设施、农机监管、物联监管等。这些因素在句容市农业科技现代化助力乡村振兴的发展中起着重要的影响。同时，法制环境、人才政策的改善和数字化乡村、智慧农业、数字化治理的推进有利于句容市农业科技现代化的发展，从而能够有效助力乡村振兴建设。

5.1.4 农业科技现代化助力乡村振兴的理论模型构建

通过整理深度访谈、调查问卷等资料，经过开放式编码、主轴编码以及选择性编码的过程，得出初步理论：推进数字化乡村、智慧农业、数字化治理是句容市农业科技现代化助力乡村振兴的重要途径。改善句容市的法制环境和人才政策，能够有效推动句容市数字化乡村、智慧农业和数字化治理的发展，从而推进乡村振兴。基于上述分析，本书确定出法制环境、人才政策和乡村振兴3个核心范畴。结合扎根理论得出的故事线以及参考相关文献，本书提出以下假设：

（1）法制环境与乡村振兴

陈凤认为，乡村振兴战略是解决我国“三农”问题的重大战略决策，健全乡村振兴制度供给不仅有利于推进乡村振兴建设，还对乡村法制建设提出了新要求。法治是多元、开放的复杂社会中最重要的社会调整机制，乡村振兴战略的推进是全国脱贫的必然趋势。要实现乡村振兴的目标，使乡村振兴有法可依、有制可循，就得从国家法层面为乡村振兴各项工作的进行提供制度供给，这也是建设法治乡村、推动乡村振兴的立法保障和重要任务。① 许大春指出，在乡村振兴的背景下，农村法制建设经历着漫长的演变过程。国家与政府部门实行多项措施来消减绝对贫困，帮助贫困地区推进各项基础性建设，完善农村地区的社会保障法制法规建设，为广大乡村居民带去福利，切实发展农业经济，切实推进乡村扶贫和乡村振兴建设。随着市场经济的快速发展，在城乡二元社会，社会保障法规建设出现了不平衡状态，城乡差距依然较大。为更好地解决城乡差距问题，更好地推进乡村振兴战略，国家与政府部门在农村社会保障制度上投入了更多资源和资金，补充了更多保障性的法律法规，使农村社会保障建设更加完善。②

智慧农业在实现乡村振兴的过程中发挥着重要作用。智慧农

① 陈凤：《民族乡村振兴的法制保障研究》，硕士学位论文，湖北民族大学，2020。

② 许大春：《乡村振兴背景下农村社会保障法制的完善探讨》，《农业工程技术》2022年第15期。

业通过科技手段、大数据平台与农业相结合的方式，改变农民的生产方式、促进新型农产品的开发，充分应用现代化信息技术成果实现农业可视化远程诊断、远程控制、防灾预警等智能管理，推进农业经济的发展，以“互联网+”的形式带动“一村一品，一镇一业”建设的推进。赵春江指出，2025 年我国智慧农业将出现跨越式发展，我国大力发展智慧农业，有利于变革传统的农业生产方式；有利于提高农业资源利用率和生产效率，实现农业高质量发展。同时，推进智慧农业的发展，对实现“全面推进乡村振兴，加快农业农村现代化”具有重大意义。①

崔宁波认为，智慧农业作为现代信息技术与农业深度融合的新兴领域，已成为推动农业科技现代化和乡村振兴的重要动力。当前，随着社会经济的不断发展，智慧农业在迎来新的机遇的同时，也面临着许多挑战。在我国，智慧农业尚处于起步阶段，相关的法律法规和政策引导还不够完善，缺乏成熟的市场运行机制和稳定的法律环境。虽然近年来“智慧农业”“互联网+”“农业大数据”等提法多次出现在国家和地方政策文件中，但以智慧农业促进乡村振兴的做法在很多方面都还存在问题，缺乏经验、措施不够精细、财政支出和平台建设力度不足等问题都需解决。②

周玫霖等指出，目前中国数字化乡村返贫比例呈下降趋势，但防止返贫压力依然存在。实施精准扶贫、法治乡村建设方略，开辟数字化乡村路径研究，为彻底打赢我国农村脱贫攻坚战奠定了坚实的基础。要摆脱自然灾害、交通不便、产业结构单一、市场冲击等难题，需构建预警机制，健全灾害救助机制；加快基础

① 赵春江：《智慧农业的发展现状与未来展望》，《华南农业大学学报》2021 年第 6 期。

② 崔宁波：《智慧农业赋能乡村振兴的意义、挑战与实现路径》，《人民论坛》2022 年第 5 期。

设施建设，优化扶贫产业模式；发掘地方特色产业，推动产业间联动双赢。要严格按照法律法规，将特色农产品与电子商务融合发展，相辅相成，缩短产业加工的供应链，达到“1+1>2”的目的；依法开发旅游业、发展服务业，充分利用微信公众号、短视频平台等互联网渠道，达到宣传推广的目的，实现“互联网+”有效脱贫。要从农户自身和整个村庄产业链、自然环境和法制环境、人口因素和地理因素等多方面、多角度来思考和解决农村问题，发展农业科技现代化，助力乡村振兴建设。①

邱泽奇等认为，数字化变革为解决“人地分离”带来的“失连”困境提供了机会。数字化、法制化为由“人地分离”导致的乡村治理结构损坏提供了解决途径，为因乡村开放给治理结构带来的困难与挑战提供了解决方案。数字社交平台和数字办公平台有利于将“失连”的村民们联系在一起；数字电商平台将乡村与更大的市场联系在一起。数字化乡村的发展为乡村振兴建设创造了新的机制，开发了新的路径。②

乡村数字化治理既是国家治理体系的重要组成部分，又是国民经济发展的重要基石③。近年来，随着“互联网+”、区块链技术、人工智能等的快速发展，农业科技现代化成为推动乡村振兴建设的重要动力。数字化乡村治理把“网络化”“数字化”“信息化”运用到农村经济发展中来，以法制化、理性化治理理念打通数字化与乡村治理之间的节点阻碍。法制化数字乡村建设将各类

① 周玫霖、代乐丹、杨晓：《基于云平台的数字化乡村脱贫路径研究》，《消费导刊》2021 年第 12 期。

② 邱泽奇、李由君、徐婉婷：《数字化与乡村治理结构变迁》，《西安交通大学学报（社会科学版）》2022 年第 2 期。

③ 崔元培、魏子鲲、薛庆林：《“十四五”时期乡村数字化治理创新逻辑与取向》，《宁夏社会科学》2022 年第 1 期。

属性嵌入基层工作中，出现各具特色的农村实践形式，如“云村务”“互联网+扫黑除恶”等。乡村数字化治理是农业农村工作的一种全新呈现，是围绕一体化开展农业农村“数字革命”的关键部署。当前，数字技术在农业经济领域的应用层出不穷，新产品、新形式、新业态赋能乡村数字治理得到全面升级，成为推进现代化建设的强大动力。伴随着新一代数字技术在我国农业经济发展中的深度应用，数字乡村建设为农业科技现代化助力乡村振兴注入了全新动能。

农业法制环境的改善推动农业科技现代化的发展，促进农业发展形式的创新，有利于提高农业生产专业化水平，从而增加农户的收入，促进乡村振兴的发展。数字化乡村、智慧农业、数字化治理等农业经济的发展，有利于增加农民从集体经济发展中获得的收入。因此，良好的法制环境有利于农业科技现代化助力乡村振兴。

基于以上分析，本书提出以下假设：

H1：良好的法制环境有利于数字化乡村建设。

H2：良好的法制环境有利于智慧农业的发展。

H3：良好的法制环境有利于推动数字化治理。

(2) 人才政策与乡村振兴

田书芹等认为，人才振兴是乡村振兴的核心引擎与关键环节。党的十九大以来，乡村振兴战略成为中国学者研究的热点，学术界对乡村人才振兴的所需条件、价值意义、影响因素、建设措施等不同方面进行了颇有成效的系统研究。通过研究，作者得出了如下结论：一是要强化乡村人才振兴的制度性供给体系。要重视对人才的教育培训，有效开发农村人力资本，把握农村人才的真实需求，使培训正规化、常规化。二是要优化乡村人才振兴的资源性统筹内容。要提高农村地区的义务教育质量，完善基本养老保险等服务保障，乡村人才队伍建设要聚焦资格认证、岗位竞选等方面的资源性统筹，激发农村人才的社会责任感、工作成就感和发展认可感。三是要构建乡村人才振兴的整体性治理框架。首先，做好人才规划具有先导性作用；其次，人才行政职能转变具有催化作用；再其次，强化统一组织领导是在整体治理机制中发挥核心作用，做到三者的有机统一，加之社会力量的广泛参与，方能有效实现乡村人才振兴。①

人才是连接科技与实践的桥梁，是农业科技现代化发展的不竭动力。如果人才匮乏加之劳动者的参与积极性不高，那么智慧农业集成应用能力自然就会下降。当前，句容市仍极度欠缺农业大数据人才、农业经营管理人才以及农业科技开发人才等，这必然会限制句容市智慧农业的发展。再者，智慧农业和数字化经济本身的知识门槛较高，而经调查，句容市整体农民的受教育程度不高，对高科技产品、新型设备等的接受程度有限，这也导致农业劳动者积极性不高，是一个很大的难题。

李向光认为，乡村振兴是一篇需要各类人才来书写的“大文章”。政府要把握中心大局，着重发挥乡村人才在推动农业科技现代化中的支撑作用，发挥家庭农场经营者、农产品企业领导者、农业合作社带头人的引领作用，支持乡村手艺人、工匠等的技术传承与传播，拓宽科学研究与技术开发的渠道，帮助乡村企业做大做强。除此以外，政府还要加大教育、医疗、文化、生态等各方面的扶持力度，营造良好的乡村环境，完善农村基础设施和公共设施，吸引各乡各地的农业人才来到农村，

① 田书芹、王东强：《乡村人才振兴的核心驱动模型与政策启示——基于扎根理论的政策文本实证研究》，《江淮论坛》2020 年第 1 期。

愿意留在农村。只有激发好人才活力，强化人才政策保障，才能发展科技、扩大效益、帮助农村农户脱贫致富，实现乡村振兴。①

科技型的农业人才和高素质的农民是智慧农业、数字化乡村治理的智力基础。句容市需加强对农民数字素养与技能的培训，由句容市政府牵头，带动当地的农业类高职院校开设相关课程，并鼓励企业为学生提供实习岗位；进行政企合作，定向定点为句容市培养农业复合型人才；完善句容市人才引进和挽留机制，加大农业人才补贴、贷款等方面的优惠力度，提高薪资待遇；推动传统的农民向符合数字化乡村需要的“新农民”转型，使他们提升自身的价值，真正成为能促进乡村振兴的实用型人才。

人才是推进农业科技现代化助力乡村振兴的关键②，句容市若能运用好引才的诚意、育才的良方、用才的气魄、留才的措施使各类人才扎根农村，定能书写好乡村振兴的华篇。人才，在农业经济发展过程中，推进乡村数字化建设、促进智慧农业发展、利于乡村数字化治理，改变了很多乡村落后的面貌。良好的人才政策为农业人才提供了展示才华、运用本领的机会，也有利于农户获得更多收入，从而有效促进农业科技现代化和乡村振兴。

基于以上分析，本书提出以下假设：

H4：良好的人才政策有利于数字化乡村建设。

H5：良好的人才政策有利于智慧农业的发展。

H6：良好的人才政策有利于推动数字化治理。

---

① 李向光：《书写乡村人才振兴的时代篇章》，《中国人才》2022年第2期。

② 邹平：《写好乡村振兴的“人才篇章”》，《中国人才》2021年第4期。

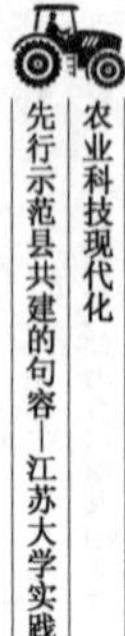

(3) 数字化乡村、智慧农业、数字化治理与乡村振兴

程名望指出，数字乡村建设有利于促进农业全要素生产率提升，推动农村现代化转型。数字乡村建设是我国农业基础设施建设的重要构成，不仅有利于将农业信息技术运用到生产与销售的各个环节，提升资源的配置效率，促进农业现代化改革，还提高了劳动者的生产效率，使农业生产方式和农业技术不断创新。同时，数字技术的传播也促进了农业科技现代化观念的传播，打破了传统农业对人民思维的禁锢，使“互联网+农业”在现代农村得到更多群众的接受与欢迎；使现代农业不完全受地理因素、天气因素等的限制，农业经济得到更大程度的发展。①

当前，句容市的数字化乡村建设正如火如荼地展开，并已取得初步成效，农村的基础设施和公共设施在不断完善，农民的素质、受教育程度等也都在稳步上升。智慧农业赋予了农业生产更丰富的内涵和特征，使农业生产条件和手段发生变革，使数字化、现代信息技术与土地等自然要素有机结合，既可以使句容市农村的农产品生产效率大幅度提高，又能实现对农民双手的解放，还降低了农业生产所需要的劳动力成本。数字化治理提升了政府的治理水平和政务处理的工作效率，如今，“互联网+政务”“云政务”等服务为民众提供了更大的便利，减少了农民与政府之间的信息不对称问题，让更多的农户积极参与社会互动，增强政府的有效办公，提升农村基础设施与公共设施建设的人性化，真正满足人民群众对美好生活的向往，增加农民的社会认同感和幸福感。

基于以上分析，本书提出以下假设：

H7：数字化乡村建设有利于推动乡村振兴。

---

① 程名望：《数字乡村建设助力乡村振兴的机遇和挑战》，《国家治理》2021年第20期。

H8：智慧农业的发展有利于推动乡村振兴。

H9：推进数字化治理有利于推动乡村振兴。

基于以上的研究假设，本书构建出句容市农业科技现代化助力乡村振兴的理论模型，如图 5.3 所示。

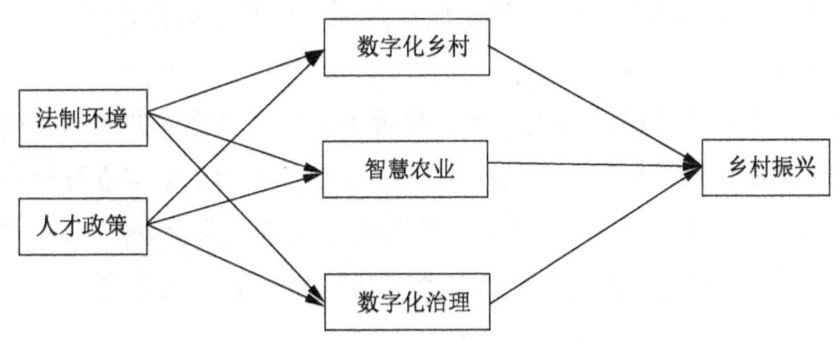

图 5.3　句容市农业科技现代化助力乡村振兴的理论模型

5.2　基于结构方程模型的农业科技现代化助力乡村振兴研究

5.2.1　结构方程模型概述

结构方程模型（SEM）是应用线性方程系统表示观测变量与潜变量之间，以及潜变量之间关系的一种统计方法。在国外，这一统计建模及分析方法已获得了巨大的发展，在心理学、管理学、社会学等社会科学领域中，已经有越来越多的相关讨论和应用实证文章。在国内，结构方程模型研究方法则刚刚兴起，相当多的人文社科类实证研究论文中都已开始采用这一建模方法。随着中国学术研究的国际化发展，这一研究方法在未来将被广泛采用。

在社会学科领域研究中，结构方程模型的应用之所以如此广泛，是由这些学科研究的特点和要求所决定的。很多心理、教育、社会等概念，均难以直接准确测量，这些变量称为潜变量，如智力、学习动机、家庭社会经济地位等。因此，只能用一些外显指标，去间接测量这些潜变量。传统的统计方法不能有效处理这些潜变量，而结构方程模型能同时处理潜变量及其指标。传统的线性回归分析容许因变量存在测量误差，但是要假设自变量是没有误差的。结构方程模型常用于验证性因子分析、高阶因子分析、路径及因果分析等。

本书根据文献的归纳整理，分析了各个变量之间的关系，确定了初始的假设模型，利用 AMOS 24.0 软件进行了结构方程模型图的绘制（见图 5.4）。其中，外因潜变量为法制环境、人才政策，内因潜变量为智慧农业、数字化乡村、数字化治理、乡村振兴。

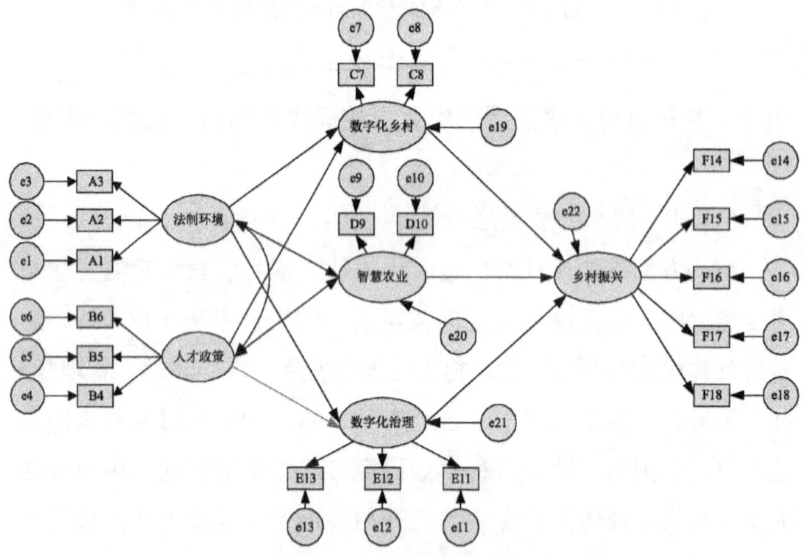

图 5.4　结构方程模型

5.2.2 问卷设计与信度、效度分析

(1) 问卷设计

本研究通过问卷调查的方式收集样本数据。问卷主体部分采用李克特（Likert）五点量表形式：数值 1 表示“完全不赞同”、数值 3 表示“不确定”、数值 5 表示“完全赞同”，针对 6 个潜变量设计题项。为了保证量表的真实有效，我们首先在题项上参考经典文献中的成熟量表，并根据所研究的变量做相应调整。在此基础上，与有关专家和受访对象进行深入交流，就题项的内容、用词及表述进行讨论，听取意见并做出修改。然后，对问卷进行小范围前测，对量表的信度和效度进行预分析，选择信度和效度载荷因子大于 0.50 的题项，这样经多次修订后确定最终的问卷。问卷主要涉及法律环境、人才政策等 6 个变量，共 18 项。问卷主要内容见附录 2。

(2) 描述性统计

样本群体为江苏省句容市各个乡镇和街道的普通市民，既包括分布在各行各业的工薪阶层，也包括在校大学生，主要通过电子邮件、社交媒体平台发放问卷，共发放问卷 800 份，每个地区 100 份，有效问卷 483 份。问卷调查有效样本的分布情况见表 5.4。被调查人群性别主要为男性（68.5%），以中老年人为主（≥51 岁并且<60 岁的人数占比 28.9%，≥60 岁的人数占比 22.9%），学历大多在本科以下，受教育程度为初中、高中的人数占比最多。

表 5.4 问卷调查有效样本的分布情况

样本特征	分类	样本个数/人	所占百分比/%
被调查者性别	男性	331	68.5
	女性	152	31.5

续表

样本特征	分类	样本个数/人	所占百分比/%
被调查者年龄	≤20 岁	4	0. 8
	≥21 岁并且<30 岁	53	10. 9
	≥31 岁并且<40 岁	87	18. 0
	≥41 岁并且<50 岁	95	19. 7
	≥51 岁并且<60 岁	136	28. 2
	≥60 岁	108	22. 4
被调查者学历	小学及以下	55	11. 4
	初中	137	28. 4
	高中	137	28. 4
	大专	99	20. 4
	本科	55	11. 4
	硕士及以上	0	0. 0
被调查者分布	边城镇（光明村、衣庄村）	52	10. 8
	白兔镇（行香村、唐庄村）	66	13. 7
	茅山镇（丁家边村、城盖村）	55	11. 4
	后白镇（二圣村、林梅村）	44	9. 1
	郭庄镇（胜利村、五渚坊村）	67	13. 9
	天王镇（戴庄村、天王村）	70	14. 4
	华阳街道（南亭村、北阳门）	71	14. 7
	黄梅街道（杜家山、河桥村）	58	12. 0

(3) 问卷信度、效度分析

信度分析和效度分析衡量调查问卷的可靠性和一致性。信度检验通过观察克隆巴赫系数（Cronbach's alpha）、组合信度（composite reliability，CR）、平均方差抽取量（average variance extracted，AVE）3 个指标进行判断（Nunnally，1979）。一般认为，当 CR 值大于 0.7，AVE 值大于 0.5，Cronbach's alpha 值大于 0.7 时，问卷内容具有较好的一致性，即具有较好的信度，数据较为可靠，可进一步验证分析。本研究通过 SPSS 24.0 和 AMOS 24.0 软件计算 3 个指标值，各变量的克隆巴赫系数均大于 0.7，组合信度均大于 0.8，平均方差抽取量均大于 0.5。这说明问卷内容的一致性较好，信度可以接受。

效度检验通过观察区分效度来检验。区分效度指潜变量之间的低相关性和显著差异性。本书使用 AMOS 24.0 软件，通过验证性因子分析对变量的区分效度进行检验，发现各变量的因子载荷均在 0.8 以上，满足大于 0.500 的门槛值，表明每个观测变量很好地反映了其对应的每一个潜变量；累计方差解释程度大于 80%，说明相关量表较为理想，调查问卷效度较好。

5.2.3 农业科技现代化助力乡村振兴的结构方程模型分析

(1) 模型拟合度分析

为了验证模型的合理性和有效性，在 AMOS 24.0 软件中对模型整体适配度和基本适配度进行检验。根据表 5.5 所示，模型的标准χ^2值（χ^2/df）为 3.419，大于参考值 3，这可能是由于该样本相对较小，从而导致该指标不够稳定。对于结构方程模型的拟合效果判别指标主要考虑两类，一类是绝对拟合指标（χ^2/df、GFI、RMSEA 等），另一类是增值拟合指标（IFI、CFI 等）。GFI 值大于 0.9，说明该模型的协方差在解释样本数据协方差时效果较为理想。RMSEA 值、IFI 值、CFI 值、AGFI 值均符合拟合适配标准（AGFI 值虽略小于参考值，但仍属于合理范围之内），表明该模型与数据拟合效果良好，我们可以根据其开展乡村振兴和各动因因素之间关系的深入研究。

表 5.5　理论模型的拟合结果指标

名称	χ^2/df	RMSEA	GFI	IFI	AGFI	CFI
指标值	3.419	0.071	0.974	0.968	0.881	0.913
参考值	<3	<0.08	>0.9	>0.9	>0.9	>0.9

（2）假设检验和路径分析

结构模型检验通过计算自变量与因变量之间关系的显著性以及路径系数，验证模型假设是否得到支持。表 5.6 显示了结构方程模型的各路径系数，通过对路径系数的显著性检验表明，法制环境和人才政策对数字化乡村、智慧农业、数字化治理有显著影响，这说明随着法制环境的优化和人才政策的落实推进，能有效支撑乡村全面振兴和可持续发展，研究假设 H1、H2、H3 得到证实。同时，在数字化转型如火如荼的背景下，数字化乡村、智慧农业和数字化治理也对乡村振兴有显著影响，因此，研究假设 H4、H5、H6 得到验证。数字化乡村以数字技术为手段，推动生产生活方式发生转变，进而促成农业农村转型升级，助力乡村振兴。智慧农业不仅助力农业生产提质增效、保障国家粮食安全，还大大推动乡村振兴跑出“加速度”。加强和创新乡村治理，健全自治、法治、德治相结合的乡村治理体系，为推进乡村振兴提供了源源不断的动力。因此，研究假设 H7、H8、H9 得到验证。

表 5.6　路径系数与假设检验结果

假设	作用路径	SE	CR	P 值	检验结果
H1	法制环境→数字化乡村	0.290	4.848	***	支持
H2	法制环境→智慧农业	0.420	5.492	***	支持
H3	法制环境→数字化治理	0.360	5.022	***	支持
H4	人才政策→数字化乡村	0.278	8.282	***	支持

续表

假设	作用路径	SE	CR	P值	检验结果
H5	人才政策→智慧农业	0.401	7.925	***	支持
H6	人才政策→数字化治理	0.345	7.833	***	支持
H7	数字化乡村→乡村振兴	0.167	1.940	0.052	支持
H8	智慧农业→乡村振兴	0.207	5.783	***	支持
H9	数字化治理→乡村振兴	0.096	13.989	***	支持

（3）总体效应标准化估计

通过结构方程模型中的路径系数计算自变量对因变量的直接、间接和总影响的效果值，可以了解各自变量对因变量影响的真实程度。潜变量之间的直接效果和间接效果可表述为：潜变量“人才政策”对“乡村振兴”的回归系数值最大，表明“人才政策”对“乡村振兴”的直接效果最为显著；各潜变量对“乡村振兴”的直接效果显著程度由高到低排列依次是人才政策、智慧农业、数字化治理。通过对不同潜变量之间的回归系数值进行比较发现，各变量对“乡村振兴”的间接影响效果中，“人才政策”影响最大，“法制环境”次之。

（4）事后访谈

通过对部分居民的事后访谈发现，他们都提到了农村年轻人数量较少，大多数年轻人都前往城市就业奋斗，但随着农村政策改革和人才支援项目的实施，许多优秀的年轻人来到农村充分施展才能，在产业发展、规划建设和社会管理等各方面做出了很大贡献。日益普及的大数据、物联网、人工智能、云计算等数字化技术，也在改变和重塑乡村生产生活。许多居民（尤其是中老年居民）认为，农业科技和智慧农业设施的推广，极大地帮助了粮食稳产丰收，让他们的生活更加轻松幸福。

第6章　构建农业科技现代化保障体系，助力乡村振兴

习近平总书记在党的二十大报告中提到，“中国式现代化的本质要求是：坚持中国共产党领导，坚持中国特色社会主义，实现高质量发展”。加强农业与科技融合，推进农业农村高质量发展，是实现农业农村现代化以及乡村振兴的重要保障。2018年9月25日，习近平总书记在北大荒建三江国家农业科技园区考察时指出，“要把发展农业科技放在更加突出的位置，大力推进农业机械化、智能化，给农业现代化插上科技的翅膀”。随着农业现代化深入推进，科技的支撑作用日益凸显。需要注意的是，农业科技现代化并不是农业与科技的简单结合，而是政策体系、法律保障、人才培养、乡村治理等一系列要素的综合推动。句容市与江苏大学在合作共建全国农业科技现代化先行县的过程中，注重构建农业科技现代化保障体系，将科技作为核心要素融入农村发展的全过程、各领域，通过科技体制机制创新激发新动能，通过人才培养、法律保障，实现农业农民的新发展；通过科技创新与数字技术，为农村治理持续释放新活力，为新时代乡村振兴提供了新典范。

6.1　加强农业科技现代化的法治保障与制度供给

依托句容优良的农业产业发展基础、成熟的农业科技服务管理模式和江苏大学的人才科技优势，在句容市农业科技现代化先

行县建设过程中，加强顶层设计与制度保障，制定具体举措，以科技创新驱动战略为引领，以市场需求和地域特色为导向，加强农业科技现代化的法治保障与制度供给，推动句容产业振兴、人才振兴和生态振兴，探索形成了产业科技化、人才专业化、生态绿色化的农业科技现代化保障体系。

6.1.1 完善推进农业科技现代化的顶层设计与政策保障

要想加快突破农业关键核心技术，因地制宜推动产学研用深度融合，不仅需要结合生态资源优势、规模生产优势、科技优势和战略区位优势，而且需要科技创新推动品种创制、智能装备研发应用、社会化服务等各方面实现跨越，需要农业科技现代化的系统谋划、顶层设计与政策保障。食为人天，农为正本。我国始终高度重视农业在中华民族伟大复兴、社会主义现代化建设中的极端重要作用，始终致力于实现由农业大国向农业强国跨越。

我国已经建立了比较完善的推进农业科技现代化的法律体系。2003 年 3 月 1 日开始实施的《中华人民共和国农业法》，是我国农业农村领域的基础性法律。其中第七章就重点关注了农业科技与农业教育，强调农业科研单位、有关学校与农村要加强农业科学技术的基础研究和应用研究。2004 年 11 月 1 日开始实施并在 2018 年做了重要修订的《中华人民共和国农业机械化促进法》，是我国用于推动农业机械装备农业、改善农业生产经营条件的专门立法，凸显了我国高度重视农业科技现代化，从顶层设计高度、以专门立法方式促进农业机械化、建设现代农业的重要使命担当。同时，我国还出台了专门的《中华人民共和国农业技术推广法》（2012 年修正），旨在加强农业技术推广工作，促使农业科研成果和实用技术尽快应用于农业生产，增强科技支撑保障能力，促进农业和农村经济可持续发展，实现农业现代化。

党中央在关于农业农村现代化的各类政策文件中，高度重视农业科技现代化的驱动作用。自2003年以来，中央一号文件全部是关于“三农”问题的。2019年，《中共中央 国务院关于坚持农业农村优先发展做好“三农”工作的若干意见》指出：坚持农业农村优先发展总方针，全面推进乡村振兴，强化创新驱动发展，加快突破农业关键核心技术，实施农业关键核心技术攻关行动，培育一批农业战略科技创新力量，推动生物种业、重型农机、智慧农业、绿色投入品等领域自主创新。2021年12月29日，农业农村部印发《“十四五”全国农业农村科技发展规划》（简称《规划》），《规划》指出，要重点实现生物种业、耕地保育、智慧农业、农机装备、绿色投入品等领域产业竞争力显著提升，农业科技进步贡献率达到64%；在核心种源、耕地保育、智慧农业元器件、农业大数据算法、农机装备、农业绿色投入品等领域形成一批具有自主知识产权的核心技术产品，基本实现以高端化、智能化、绿色化为标志的农业科技现代化，基本建成农业科技强国。

2021年7月，农业农村部启动全国农业科技现代化共建先行县试点工作，江苏大学与句容市获批首批创建，双方把握国之大者的使命担当，因地制宜推进农业科技创新能力提升，为加快高水平农业科技自立自强和农业科技现代化发挥了重要作用。

句容市先后出台了《句容市“十四五”农业农村发展规划》《关于建设美丽乡村实现美好生活全面推进乡村振兴加快农业农村现代化建设的实施意见》，突出强调了要依托农业科技现代化，推进都市农业、精品农业、智慧农业、生态农业全面发展，农村改革不断深化，全面开启农业农村现代化建设新征程。

为切实有效推进农业科技现代化先行县的创建工作，江苏大学与句容市还制定了详细的《全国农业科技现代化先行县共建实施方案》，从顶层设计的角度保障农业科技现代化先行县共建工作的顺利推进。

在实施方案中，双方首先明确了农业科技现代化先行县的发展目标，即依托句容优良的农业产业发展基础、成熟的农业科技服务管理模式和江苏大学的人才科技优势，以科技创新驱动战略为引领，以市场需求和地域特色为导向，加强农业与科技融合，推动句容产业振兴、人才振兴和生态振兴。从实施内容来看，主要是结合句容市的区位优势、资源优势和产业基础，推进水稻、茶叶、葡萄、草莓等产业向机械化、智能化、智慧化方向发展，其中包括丘陵地区农业生产机械化、智能化科技攻关，对于丘陵地区水稻、茶叶、草莓生产的全程机械化与智能化科技创新；在此基础上，探索应用数字化农业装备，建设智慧农业示范区，打造农业大数据平台，推进农村电子商务系统发展。

在实现农业科技创新的同时，江苏大学与句容市在全国农业科技现代化先行县的创建过程中，也高度重视从农业科技到农业产业的发展战略，不断推动培育农产品加工企业，支持加工企业加快技术改造、装备升级和模式创新，推进农产品多元化开发、多层次利用、多环节增值。更重要的是，双方加强政产学研联合协作，健全科技服务体系，依托句容东部干线、镇江国家农业科技园区（句容农高区）等载体，突出物联网、云计算、大数据、人工智能等科技元素，全面提升农业生产智能化管控水平，打造农业科技创新走廊，串联涉农高校、科研院所，整合农业空间、园区，建设亚夫科技服务团，构建“众创空间—孵化器—加速器—产业园区”全周期农业科技创新平台，辐射带动周边特色小镇串联成线，最大限度地发挥了农业产业的聚集效应和规模效应。

最后，农业科技现代化先行县创建更在探索新时代以科技为驱动的乡村振兴新模式。通过开展生态环保技术革新，加强农业污染防控和治理，打造宜居乡村，推进美丽乡村、特色田园乡村建设，建设历史文化型、自然山水型、产业特色型特色村；立足经济发展需求，培养农业科技创新创业人才；坚持党建引领，推广生物多样性农业，推进生态循环农业发展，走绿色发展道路，真正将句容市发展成丘陵地区农业科技现代化先行区、特色农业体制机制创新试验区。

6.1.2 为促进农业科技现代化提供司法服务与法治供给

农业科技现代化的实现依赖于农业科技领域的不断创新和转化运用，而知识产权制度是实现这一激励创新目标的基本手段和根本保障。在知识产权制度体系的构成中，知识产权司法保护力度和水平，直接关系到保护农业科技创新成果、激发农业科技创新活力，直接影响创新驱动发展战略在农业生产领域的实施和推进。因此，农业科技现代化先行县的创建高度重视农业科技领域的知识产权保护和制度供给，从而促进农业科技现代化的实现。

（1）以普法宣传助力农业知识产权意识提升

在当前的农业知识产权保护过程中，农业科技人员和农民存在着知识产权意识不强，对农业知识产权法律的认识不足，对知识产权在农业科技现代化中的作用重视不够等情况，未能及时将农业生产中的创新成果积极申请新品种权或者农业专利，从而造成农业科技创新成果流失，农业生产中所产生的知识产权得不到很好的保护和利用，不利于农业生产的科技创新；甚至导致利益受损，农业知识产权纠纷多发，造成经济损失。此外，对实践中发生的农业生产领域的知识产权侵权，维权意识和能力不强，不能够积极主动地寻求法律救济。鉴于此，为更好地发挥司法为民的作用，服务于地方高质量发展，司法机关能动司法，发挥司法在知识产权保护中的主导作用，深入农业生产一线，宣传农业知识产权法律和政策，培训农业科技人员和农民的知识产权维护能力，培养他们运用知识产权提升农业科技化生产的素养。同时，立足审判，通过涉农知识产权个案审判，进行知识产权法律知识的宣传教育，发挥司法的教育引导作用，助力农业科技人员和农民的农业知识产权意识的提升。例如，句容市法院联合句容白兔法庭立足地方特色农业，打造“和合莓美”服务品牌，开展“葡萄架下审判”，送法下乡入农，为特色农业发展提供司法助力，有效地提升了农户生产的知识产权意识。

（2）以司法主导强化农业知识产权保护力度

《国家知识产权战略纲要》明确提出了“加强司法保护体系和行政执法体系建设，发挥司法保护知识产权的主导作用，提高执法效率和水平”的要求。从当前我国农业知识产权保护领域的实际来看，因为种种原因，农业知识产权司法保护维权成本高、举证难等导致司法效率不高的局面并未根本改变，特别是种子侵权等行为屡禁不止，给农民利益和农业生产造成了极大的损害。为此，在农业科技现代化先行县的创建中，就农业科技现代化推进中的重点领域强化了司法保护的力度。

其一，加大对种业知识产权的审判力度。种子是农业生产的“芯片”，事关我国粮食安全。司法机关应深入推进种业知识产权的全链条全方位保护，切实保护品种权人的权益，推动种业振兴和种业科技自立自强，助力打好种业翻身仗，维护种源安全和粮食安全。在此方面，江苏法院在涉及知识产权侵权审判中，积极探索裁判思路、总结审判经验、创新法院保护种业知识产权的工作策略，包括审判人员专业化的提升、专家证人的完善、惩罚性赔偿的利用、育种创新成果法律保护范围的扩大等，通过司法手段严厉打击侵权行为，推动育种创新，有效维护了种业知识产权人和农民的合法权益，为推动种业创新、保障粮食安全做出了重要贡献。

其二，健全与其他保护方式的协调。“快保护”是强化知识产权保护的基本要求，也是提升知识产权司法保护效率的必然选择。然而，基于当前知识产权保护方式的多元化，司法保护以及行政保护、调解、仲裁等方式之间壁垒的存在，致使各种方式之间在信息共享、证据认可等方面存在一些障碍，导致侵权纠纷久拖不决，维权成本不当地增加，“快保护”的局面尚未实现。为此，江苏省、镇江市和句容市三级司法机关在农业知识产权维护方面进行了多元纠纷解决方式的协调探索，强化与相关部门的沟通协作，推动司法保护和行政保护有效衔接，推进高质效合作，推广知识产权纠纷调解、仲裁等司法替代方式的利用，控制维权成本，有效提升了司法效率，维护了当事人的合法权益，增强了知识产权在农业科技现代化中的保障作用。

(3) 以公私合力推动农业科技成果的有力转化利用

农业知识产权的转化利用是对其更好的保护，也是知识产权强国战略的重要内容。《中华人民共和国乡村振兴促进法》第十七条规定了“国家加强农业技术推广体系建设，促进建立有利于农业科技成果转化推广的激励机制和利益分享机制”的相关内容，这对农业科技成果转化提出了原则性要求。与我国作为知识产权大国相比，我国科技成果的转化率整体不是很高，没有充分发挥相关科技成果在农业科技现代化建设过程中的应有作用，这不仅造成了稀缺的科技成果资源的浪费，也在一定程度上削弱了农业科技人员的创新积极性。

为此，在农业科技现代化先行县的创建过程中，应根据农业科技现代化建设的要求和乡村振兴战略实施的需要，积极推动农业知识产权成果的有力转化利用。

其一，建立健全农业技术成果转化利用的制度。健全的制度是善治的基础和保障。为有力推动农业知识产权成果的转化利用，需要建立完善的制度，明确在农业技术成果转化中相关主体的地位和权责、转化的形式、转化的激励措施和监督措施等，形成农业科技成果转化利用的秩序基础。在此方面，镇江市制定了《关于强化知识产权保护的实施意见》，句容市出台了《句容市知识产权专项资金管理办法（试行）》等规范性文件，用以规范和推动农业科技成果的有力转化利用。此外，句容市还针对具体农业科技成果的推广，制定了专门的规范性文件，如《2022年句容市水稻生产技术指导意见》，对水稻生产从技术措施、工作措施等方面提出了指导性的意见。

其二，建立多元主体参与的农业技术成果转化制度。在此方面，坚持实施政府财政支持、税收减免、专项资金等激励措施，鼓励企业、高等学校、职业学校、科研机构、科学技术社会团体、农民专业合作社、农业专业化社会化服务组织、农业科技人员等创新推广方式，开展农业技术推广服务。通过协力共治，形成了政府促进和引导，农业经营者和科技部门、科技人员积极参与转化利用的多元主体参与和利益共享的法律机制，激发了各方主体参与成果转化的积极性，有效促进了句容市在绿色农业等领域的现代化发展。

6.1.3 加快法治乡村建设，助力农业科技现代化

健全乡村治理体系，加快法治乡村建设，能够为农业科技现代化提供有力的制度保障。习近平总书记指出：“乡村振兴离不开

和谐稳定的社会环境。要加强和创新乡村治理，建立健全党委领导、政府负责、社会协同、公众参与、法治保障的现代乡村社会治理体制，健全自治、法治、德治相结合的乡村治理体系，让农村社会既充满活力又和谐有序。"①《中华人民共和国乡村振兴促进法》也规定，促进乡村振兴应当按照产业兴旺、生态宜居、乡风文明、治理有效、生活富裕的总要求，统筹推进农村经济建设、政治建设、文化建设、社会建设、生态文明建设和党的建设，充分发挥乡村在保障农产品供给和粮食安全、保护生态环境、传承发展中华民族优秀传统文化等方面的特有功能。只有全面推进农业农村法治建设，有效发挥法治对农业高质量发展的支撑作用、对农村改革的引领作用、对乡村治理的保障作用、对政府职能转变的促进作用，才能为全面推进乡村振兴、加快农业农村现代化提供有力的法治保障。为此，《中华人民共和国乡村振兴促进法》规定国家要采取措施加强农业科技创新，并从创新主体、创新机制、创新能力、创新平台的角度规定了农业科技创新的基本方向和重点创新的领域，要建设现代农业产业技术体系，推动农业农村创新驱动发展。同时，要求建立有利于农业科技成果转化推广的激励机制和利益分享机制，鼓励企业、院校、团体以及农民专业合作社、农业专业化社会化服务组织、农业科技人员等创新推广方式，开展农业技术推广服务；并特别对农业机械的生产研发和推广应用以及农业生产经营信息化做了专门规定。

2021 年 4 月 20 日，国务院农业农村部发布的《农业农村部关于全面推进农业农村法治建设的意见》（简称《意见》）进一步明确，"为深入贯彻习近平法治思想，落实党中央、国务院决策部

① 习近平：《创新乡村治理体系，走乡村善治之路》，载《论坚持全面依法治国》，中央文献出版社，2020，第 190 页。

署，坚持依法治农、依法护农、依法兴农，走中国特色社会主义乡村振兴道路，充分发挥法治在我国农业农村现代化进程中固根本、稳预期、利长远的重要作用，全面推进农业农村法治建设”。《意见》还明确了农业农村法治建设的总体目标：“到2025年，农业农村法律规范体系更加完备，农业行政执法体系更加完善、执法能力显著增强。职责明确、依法行政的农业农村行政管理体系日益健全，农业农村工作全面纳入法治轨道。各级农业农村部门依法行政能力大幅提升，行政权力运行更加透明规范，农业农村系统干部运用法治思维和法治方式深化改革、推动发展、化解矛盾、维护稳定、应对风险能力显著增强。乡村依法治理水平明显提升，市场化法治化营商环境更加优化，企业群众合法权益得到切实保护，基层农村干部和农民群众法治观念明显增强。”

农业科技现代化离不开法治的助力和保障。促进农业全面升级、农村全面进步、农民全面发展，加快农业农村现代化，全面建设社会主义现代化国家，是全面实施乡村振兴战略的根本目标。发展为了人民，发展依靠人民，发展成果由人民共享。通过党委领导、政府负责、民主协商、社会协同、公众参与、法治保障、科技支撑的现代乡村社会治理体制和自治、法治、德治相结合的乡村社会治理体系，既给“三农”的创新升级插上科技的翅膀，又为其长远发展嵌入法治的保障①，才能达到“农村社会既充满活力又和谐有序”的美好状态。

加快法治乡村建设，特别是加强对于农业科技企业、农民权益的法律保障，能够有效推进农业科技现代化，助力农业现代化。加快法治乡村建设主要的着力点在于：

① 刘同君等：《农民权利发展：新时代乡村振兴战略背景下的时代命题》，东南大学出版社，2019，第85页。

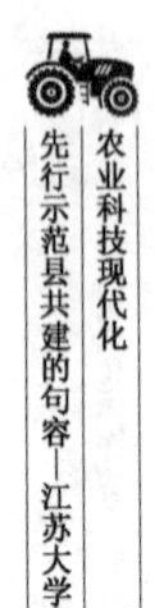

一是强化乡村振兴法治保障。围绕乡村振兴重点领域和主要任务，依法巩固拓展脱贫攻坚成果，促进乡村产业、人才、文化、生态和组织全面振兴，推动工农互促、城乡互补、协调发展、共同繁荣的新型工农城乡关系加快形成。充分发挥法治对农业农村高质量发展的引领和推动作用，依法强化农业支持保护，保障乡村建设有序开展，持续增加农民收入，促进农业高质高效、乡村宜居宜业、农民富裕富足。

二是完善农业农村优先发展制度支撑。把农业农村优先发展要求法律化制度化，依法推动干部配备优先考虑、要素配置优先满足、资金投入优先保障、公共服务优先安排。围绕加快农业农村现代化，将行之有效的强农惠农政策措施制度化法定化，营造公平、透明、可预期的农业农村法治环境。加强立法与改革衔接，及时将农业农村重大改革决策、改革成果上升为法律制度，在法治轨道上推动改革不断深化。

三是着力提高依法行政水平。坚持法定职责必须为、法无授权不可为，全面履行法定职责，把法治作为农业农村部门行政决策、行政管理、行政监督的重要标尺，厘清政府和市场、政府和社会的关系，用法律和制度遏制不当干预经济活动的行为。以提升法治素质为核心，进一步增强农业农村系统领导干部和工作人员尊法学法守法用法的意识，提升运用法治思维和法治方式推动工作的能力水平。

四是深入推进乡村依法治理。坚持以法治保障乡村治理，充分发挥法律法规、村规民约和农村集体经济组织、农民专业合作社章程等的规范指导作用，让依法决策、依法治理成为乡村干部的习惯和自觉。深入开展农业农村法治宣传教育，推动法律知识进村入户，培育办事依法、遇事找法、解决问题用法、化解矛盾靠法的乡村法治环境，积极引导农民群众依法维权和化解矛盾纠纷，维护农村和谐稳定。

6.2 深化农业科技现代化人才培养体制和机制创新

党的十八大以来，农业农村系统认真贯彻落实人才强国战略，实施农业科研杰出人才培养计划，全方位培养、引进、使用人才，推动农业科技跨越式发展。农业人才是人才振兴的重要支撑，农业高质量发展离不开人才主力军的带动。培养农业科技人才，需要激发创新的活力。完善农业科技创新体制机制，破除产学研用深度融合体制机制障碍，营造农业科技人才成长的“软环境”，这是更大激发企业和人才创新活力的必然要求。因此，以乡村振兴战略为契机，乘势推动农业科技现代化人才培养体制和机制创新，将是新时期农业现代化发展中的一项重要理论与现实议题。句容是农业大市，农业资源丰富，农业产业兴旺，是江苏知名的“米袋子、果盘子、菜篮子”。句容市充分发挥资源优势，把农村实用人才培育作为一项富民工程来抓，探索出一条人才助推乡村振兴的发展路径。

6.2.1 建立多功能、宽渠道、广覆盖的农业科技人才培养体制

人才兴，则农业农村兴。要抓实抓好农业关键核心技术攻关、推动农业科技创新与推广应用不断迈上新台阶，培养一大批农业科技人才是关键。面对全面实施乡村振兴战略新需求、农民教育培训创新发展新任务，句容市抓住农民教育培训这个关键，联合江苏大学、江苏农林职业技术学院、镇江市农业科学院等科研院所，创新“链”式培育方式，着力在培训、保障、评价上下功

夫，留住人、增能人、育新人，面向农业现代化、农村现代化、农民现代化培养人，推动乡村人才振兴，为全国农业科技先行县建设提供人才支撑。

（1）注重长效化培训机制

推动乡村人才振兴，要牢牢抓住教育培训这个“牛鼻子”。坚持以农民为中心，培育适应现代农业组织形式的人才、适应新产业新业态融合发展的人才、适应乡村社会事业发展的人才。坚持以需求为导向，精准定制培训方案，精心设计培训课程，尊重农民学习特点和生产规律，以方便农民、实用管用为标准，更多地把培训办到农业生产一线、农民家门口。坚持以合作为重点，联合农民合作社、农业龙头企业、涉农院校等各种资源，打造乡村产业链供应链、全产业知识技能链条，广泛建设农民田间学校和实训基地，基本实现主导产业全覆盖。

一是发挥学校优势，联合培育乡村人才。句容市农业农村局充分发挥农业广播电视学校在农民科技教育培训、“三农”政策宣传和农村农民跟踪服务方面的作用，不仅培育了一批创业致富带头人，打造了一批农民田间学校，而且激活了各类人才返乡创业的田园梦想，触动了他们投身乡村振兴的“三农”情怀。

二是实施农业人才定向培养工程。句容市对新型农民按需分别开设涉农成人教育大专班和本科班，通过“半农半读”、灵活学制教育，实施了培育10名定制村官、20名农技专业人员、300名新型农民的农村“123”人才培育工程，提升了全市农业人才的学历层次、技术等级。

三是开展基层农技推广人员培训。句容市通过组织农技人员参加省级研修、市级集中办班和现场实训等方式，加快他们的知识更新，提高他们的业务素质和服务能力。根据县镇对农技人员的不同需求，分期分批开展培训，每年组织 120 名左右基层农技推广人员赴高校进行知识轮训。

四是利用茅山红色资源，培养农业科技创业人才。句容市深入挖掘并充分利用茅山红色资源和楷模资源，结合“四史”教育，培养师生对“三农”事业的热爱，拓展学校思想教育基地与实训基地的功能，将“为农民服务一辈子”的理念根植人心，为农业农村现代化培养知农爱农的精英人才。

（2）强化人才培养的制度保障机制

培育人才是基础，留住人才是关键。如何留住人才，关键在于保障机制。坚持党管人才，聚焦党委政府重大决策、重要部署、重点任务，突出管宏观、管政策、管协调、管服务，强化制度设计，建立完善乡村人才吸引、培育、使用、管理机制；教育引导乡村人才听党话、感党恩、跟党走，激发干劲、提振信心。坚持灵活机动，整合产业政策扶持、金融保险支撑、生产要素供给、社会保障兜底等机制；在扶持乡村人才发展政策上，适当降低门槛、扩宽条件、补齐短板，让更多的人才享受政策红利，愿意留在乡村、扎根沃土。坚持后勤保障，加快完善乡村基础设施，补齐乡村教育、医疗、文化等公共服务短板，解决好乡村人才随迁落户、子女上学等后顾之忧，真正使乡村人才留得舒心、干得放心、玩得开心。

一是组织保障。加强组织领导，建立句容市农业农村部门牵头抓总，市、校相关部门协调配合的强化责任落实和考核评估机制。建立领导小组决策议事机制、定期观摩现场推进制度，2022 年上半年江苏大学与句容市先后举行碰头会 3 次，江苏大学专家团队实地调研句容共建基地 11 次。

二是政策保障。制定优秀人才招引落地保障制度，吸引适合句容市农业发展实际的专业人才。完善财政扶持政策，支持高标准农田建设、农业大数据平台建设、先进适用农业装备研发、智慧农业示范区建设和农产品仓储保鲜冷链设施建设。

三是资金保障。统筹项目资金5000万元用于全国农业科技现代化先行县的建设，持续加大农业农村建设发展投入，切实发挥财政资金杠杆作用，财政资金重点投向农村科技人才培养等领域。坚持把农业农村作为财政支出优先保障领域，建立财政支农投入稳定增长机制，持续支持现代农业科技发展。

（3）优化人才评价与考核机制

要想充分激活人才队伍的干事动力、进取之心，就得紧紧抓住他们的“需求点”和“关注点”，如果人才的“选任用管”陷入了“吃苦者受累、躺平者吃香、无能者有位”的恶性循环当中，就容易消减人才的奋斗志气。鉴于此，句容市建立本地乡村人才评价体系，探索完善绩效评价管理制度，充分发挥考核评价“指挥棒”作用。一是不断完善“评价链”，通过实地调研、业绩考核、群众反馈等方式，全面了解乡村人才的思想政治、创新发展和业绩贡献。根据绩效考评结果，进行以奖代补、动态管理，对评价连续优秀的，优先项目扶持、表彰奖励、选拔任用。二是不断完善评价标准，突破以往“唯学历、唯论文、唯年龄”等评价门槛，以现实能力和实际贡献为标准，探索符合乡村人才特点的评价体系，创新职称评审和技术等级定向评价方式，帮助他们获得社会认同、职业尊严，以此吸引带动更多优秀人才投入乡村振兴中建功立业。把能力强、水平高、作风好的年轻干部放到重要岗位上去，真正让他们充满存在感和成就感，进一步营造出干部队伍内部的“比学赶超”之风，尽快形成“人人渴望成才、人人努力成才、人人皆可成才、人人尽展其才”的良好局面。

6.2.2 “量身定做”并“因地制宜”优化农业科技人才精准培育机制

从农业科技人才队伍现状来看，我国农业科技人才在结构、质量上还有较大不足，一些领域科研人才断层问题凸显。正因如此，2021年年底召开的全国农业科技人才工作交流会深刻指出：“农业科技人才队伍到了非壮大不可、非强健不行的时候，必须以只争朝夕、时不我待的使命感紧迫感，把农业科技人才工作作为‘三农’工作重大任务抓紧抓实抓到位。”

党的十八大以来，国家领导人高度重视运用“精准思维”，并在脱贫攻坚、经济发展、社会治理等多个领域工作部署中强调“精准”理念，运用这一科学思维方法认识、分析和解决问题。实施精准化培育是打通农业农村科技人才需求纵向提升“堵点”，带动农业农村科技人才振兴与高质量发展的核心着力点。

（1）发挥先进典型示范引领作用

先进典型是一面旗帜，引领着时代前进的方向，给人以鼓舞和力量，是一种有形的正能量。全面实施乡村振兴战略的深度、广度、难度都不亚于脱贫攻坚，更需要通过典型引领、舆论引导，激发广大干部群众真抓实干、攻坚克难的决心，坚定加快实现农业农村现代化的信心。一是开展“十佳”农民评选活动。为实现培训精准高效化，句容市加大培训资金投入，创新成立农业农村局新农人党支部、句容市青年职业农民协会，举办“十佳”农民评选，吸纳优秀高素质农民，发挥示范引领作用。自2017年开始，市委、市政府、市农业农村局在江苏省首创以路演的形式连续举办了3届句容市“十佳”农民评选活动，选拔了张奎峰、杜诸侯、熊国云、范亚君、夏爱华等30名“有文化、懂技术、善经营、会管理”的高素质农民。除颁发荣誉证书和奖杯外，每人获得项目奖补10万元，免费入驻全市农业对外各类推介会，优先参加全市农业各类培训、沙龙、展销等活动，同时享受其他农业相关配套资源倾斜政策。同时，建立市长—局长—校长—“十佳”农民“四位一体”微信沟通渠道，实现优秀农民与市、局领导的无缝交流，相互分享第一手农业讯息。成立并吸收他们加入句容市青年职业农民协会，使他们在科技上得提升、身份上获认可，在农民中形成“比学赶超”的浓厚学习氛围。二是树立先进典型榜样。“榜样的力量是无穷的。”让先进典型引路，发挥先进典型的示范作用，历来是我党我军重要的工作方法。句容以“全国脱贫攻坚楷模”赵亚夫、“全国道德模范”糜林、“全国脱贫攻坚先进个人”阮祥忠等一批本土的先进典型为榜样，加快培育句容现代“新农人”群体。

（2）重点培育乡村产业振兴带头人

聚焦基层组织建设、科技惠农服务等，积极推广“党支部+合作社”模式、“六个统一”生产、利润三次分配经验，建立了合作组织有党在、增收致富有“头雁”、技术培训有专家、田间地头有青年的党建引领农业发展机制。2022年句容市出台《关于加快推进乡村人才振兴的实施意见》，力争用3年时间，培育乡村产业振兴带头人“头雁”人才30名、“兴农科研英才、发展经营标兵、富民技术能手”人才100名。

一是发挥专家队伍的帮带作用，引领乡村人才振兴。2018年5月聘请赵亚夫担任总顾问，组建4个“亚夫团队工作室”，集聚10余位业内顶级专家学者，在粮油、果品等6个产业建立专家学者领衔、33位市级农技人员参与、900多个新型农业经营主体加盟的“1+1+N”产业创新战略联盟，积极探索专家学者技术入股、按劳取酬等利益联结方式，形成了以点带面、联点成片的农技推广和产业培育体系。句容以“亚夫团队工作室”为抓手，在生态农业新技术推广、农业经营新模式推广、农业乡土人才队伍建设、农业生态系统修复与建设等领域，对促进句容农业农村产业发展、带动群众致富、带领技艺传承等方面发挥了重要作用。为充分发挥专业型党员干部的指导带动作用，通过以老带新、以强扶弱的优化组合方式，在全市农业、林业、畜牧、园艺、水产等5个产业建立了“农技推广人员创新工作室”，开展农技推广167人次，推广新技术15项，解决新问题12个。

二是发展“新农人”，打造乡村振兴生力军。鼓励高等（职业）教育院校毕业生从事现代农业、乡村产业，畅通大学生创业与新型职业农民待遇衔接渠道，加大农业学历教育和技术培训力度，继续做好本地户籍涉农大学生定制培养工作。落实农业技术人员职称制度与职业资格制度的有效衔接，打造有句容特色的“乡土MBA”农业经理人培训班。2021年，培育农业经理人20名，建设了2个省级、6个市级农民培训实训基地，举办了第四届句容市“十佳”职业农民评选活动。到2025年，再新建3～4个乡土人才讲习所、技能大师工作室。一直以来，句容始终坚持将农技研发推广与乡土人才培育结合起来，大力实施“亚夫二代”“亚夫三代”育苗行动，每年选派青年农民赴日本学习，自2017年开始连续3年举办“十佳”新型职业农民评选活动，一批80后、90后“农二代”脱颖而出，形成了200人左右的技术带头人和乡土人才队伍。2020年，句容市返乡创业大学生达664人，涌现出返乡创业大学生华梦丽、“草莓大王”纪荣喜、“葡萄王子”方应明等一批乡村振兴带头人。

（3）加快实施基层农技人员等现代农业人才队伍建设

按照“懂农业、爱农村、爱农民”的要求，继续深化校地合作，加快实施基层农技人员等现代农业队伍建设。

一是实施农业人才定向培养工程。对新型农民按需分别开设涉农成人教育大专班和本科班，通过“半农半读”、灵活学制教育，实施了培育10名定制村官、20名农技专业人员、300名新型农民的农村“123”人才培育工程，提升了全市农业人才的学历层次、技术等级。

二是建设“农技推广人员创新工作室”。为充分发挥专业型党员干部的指导带动作用，通过以老带新、以强扶弱的优化组合方式，在全市农业、林业、畜牧、园艺、水产等5个产业建立了“农技推广人员创新工作室”，开展农技推广167人次，推广新技术15项，解决新问题12个。

三是开展基层农技推广人员培训。通过组织农技人员参加省级研修、市级集中办班和现场实训等方式，加快他们的知识更新，提高他们的业务素质和服务能力。根据县镇对农技人员的不同需求，分期分批开展培训，每年组织120名左右基层农技推广人员赴高校进行知识轮训。

6.2.3 强化校地合作，协同培养农业科技现代化“领头雁”“土专家”“田秀才”

《“十四五”全国农业农村科技发展规划》对农业战略科技力量建设做出部署，提出建设一批世界一流国家农业科研机构、涉农高水平研究型大学，培育一批涉农科技领军企业，重点培养一批全国农业农村科研杰出人才。句容市抓住高素质农民教育培训这个关键，联合江苏大学、江苏农林职业技术学院、镇江市农业科学院形成了“一校两院”的组合，成功创成江苏省乡村振兴人才培养优质校，培养造就了一支“懂农业、爱农村、爱农民”的农业科技创新创业人才队伍。

（1）加强校地间的互动

句容市政府与江苏大学共同整合资源，联合引进海内外高端人才和高水平科技创新团队。同时，进一步加强与德国、荷兰、奥地利、以色列、日本等国际人才的合作，探索与央企的农业科技人才合作，为共建工作提供科技人才支撑，提升农业科技“双创”能力。一是加强校地间的相互学习。根据句容市农业生产和项目实施的需要，江苏大学为句容的农业科技人员、家庭农场经营者、农民合作社带头人、新型职业农民等提供形式多样的专业技能培训。句容选派科技和管理人员到江苏大学相关单位进行合作研究、学习深造。2022 年 4 月 8 日，江苏大学与镇江市草莓协会签订“江苏大学实践教学基地”协议，进一步深化校地合作，让江苏大学把句容作为教学实训的大课堂和产教融合的示范地。同年 5 月，句容 3 个乡土人才大师工作室被评为省级乡土人才大师工作室。二是发挥校地优势互补。站在江苏大学全校的角度加强互动，在充分发挥江苏大学在农业机械装备领域的科研优势的基础上，发挥其管理学、法学、医学等其他学科优势，为句容的农业产业化联合体管理、农民权益保护、农村金融与农村医疗服务提供咨询建议。三是加强农业科技信息交流与服务。双方共同组织专家围绕句容市农业区域发展战略、资源开发利用、绿色生态发展等相关重大科技问题开展战略研究和咨询活动。江苏大学参与句容市农业农村发展规划、农业科技发展规划的研究，编制特色农业机械化示范基地、智慧农业示范区等建设方案。此外，对农业重大工程、重大专项、农业产业化等项目的申报和实施提供咨询建议，充分发挥自身在知识产权领域的领先优势，协助句容开展农业品牌建设。

（2）打造政产学研特色化合作平台

积极组建句容市江苏大学丘陵地区农业机械化研究院、江苏大学农业农村现代化研究院等集科技研发、技术展示、成果转化等功能于一体的产业研究院，已基本达到名称、资金、人员、地点等研究院注册必备条件，待管理部门审批。建成江苏乡村振兴研究院，组建了江苏大学和句容本地智慧农业、特色农机、继续教育、生态农业等 7 个专家服务团队，为句容乡村振兴群策群力，提供智力保障。近年来，句容与南京农业大学、江苏省农业科学院、江苏农林职业技术学院和镇江市农业科学院等方面合作，设立了新农村发展研究院、农产品加工研究中心、乡土树种研究所、茶博士工作站等多个教科研站点，全市“一村一所”覆盖率达95%以上。同时，开发了“农技耘”地方频道，建成省级农业产业技术体系示范基地 9 个、市级“1+1+*N*”新型农业技术推广项目 5 个、县级农业科技示范基地 10 个。每年组织农技推广人员进行知识轮训，开展青年农场主培训、高素质农民培训、农业职业技能培训、乡镇农民培训 5000 人次以上，培养一批生产一线农村致富带头人成为实训讲师，成立 2 家“青年农民党员之家”，拍摄乡村振兴系列纪录片第二部《大米进城》，3 人在全省农村创业创新大赛中获奖，1 人获得“全国农村青年致富带头人”称号和第五届中国“互联网+”大学生创新创业大赛金奖。每年财政投入 400 万元农业科技专项资金，对获得省级以上农业科技计划立项资助的项目，按上级拨款 1：0.5 配套经费。2019 年，参与上级各类项目 100 余项，引进新技术 80 余项、新品种 60 余种。近 3 年，累计申报省级、镇江市级农业科技研究项目 16 项，获支持经费 355 万元，为科技创新不断注入源头活水，形成了一批有竞争力的自主专利和产品。2019 年，句容市农业科技进步率达 66.6%。

(3) 解决科技成果转化问题

落实好科教兴农战略，扎实推进“一村一所”、科技入户、科技示范基地、现代农业产业技术体系等工作，让科研院所与镇村、科技与产业、驻村专家与示范户“深度”对接，使农业科技成果更快地转化为生产力，力争走出“产业发展上水平、农民增收得实惠、科教能力获提升”一举多得的新路子。推进农业科技进村入户工程。一是落实“一村一所”科技帮扶机制。加大产学研合作力度，组织科技专家驻村驻点，每个重点涉农主导村都有一名科技专家联系到村、服务到户，确保每个行政村都有一个教学科研单位提供科技支撑。全市 76 个涉农村“一村一所”覆盖率达 100%。二是开展农技人员进村入户指导。每年围绕粮食、园艺、渔业等主导产业，遴选 200~500 个农户作为科技示范户，公开选聘农业技术人员担任技术指导员。围绕主导产业，每年推广 10 个以上新品种和 15 项以上新技术新模式。三是搭建“互联网+”农业信息化平台。2019 年协同江苏农业科技服务云平台，对接“农技耘”APP，开发了“农技耘—句容”频道，聚焦句容农业，为本地用户提供精准信息服务，推动农业高质量发展，助力句容乡村振兴。目前“农技耘”APP 用户稳定在 5000 人左右。四是合作建立示范基地。句容先后开展茶博园、火龙果产业研究院、丁庄合作联社、何庄乡村振兴示范点、后白草坪研究院、后白稻米研究院、后白丰之源梨园、白兔徐村草莓示范基地、白兔致富果业、华阳奇果园、天王唐陵木易园、戴庄有机农业园等系列示范展示基地建设，融入了更多江苏大学的元素，提升科技先行县展示点。

6.3 以农业科技现代化赋能乡村振兴

乡村振兴的总目标是实现农业农村现代化，而农业现代化的关键是农业科技现代化。乡村振兴战略是一项包含产业结构调整、社会治理等领域的系统性、长期性动态工程，其内在地需要农业技术及治理机制的创新来优化农业资源配置、调整产业结构，从而提高农业产业供给的质量和效率。农业科技现代化利用科技创新具有的集聚、倒逼、渗透、扩散等功能，有助于改善资源要素的流动环境，通过对各类要素进行合理配置以提高资源要素的利用效率，能够有效解决农村地区发展不平衡不充分问题，为乡村振兴战略的实施提供全方位的有力支撑。我国农业农村改革发展所取得的辉煌成就表明，坚持走中国特色农业科技现代化道路，促进农业高质高效、乡村宜居宜业、农民富裕富足，是中国特色社会主义乡村振兴道路的题中之义。

6.3.1 机械化、智能化农业生产的规模经济效应是乡村振兴的根本

习近平总书记明确指出，中国现代化离不开农业现代化，农业现代化关键在科技、在人才。“要把发展农业科技放在更加突出的位置，大力推进农业机械化、智能化，给农业现代化插上科技的翅膀。”① 这一方面要求现代化农业发展要聚焦制约农业产业高质量发展的“卡脖子”技术问题，协同研发、加快推广智能化现代农技装备，深入开展主要农作物生产全程机械化推进行动，全面提升作业机械动力、作业效率和质量标准；另一方面

① 顾仲阳、常钦、庞革平等：《“农田就是农田，而且必须是良田”（总书记牵挂的粮食安全）》，《人民日报》2022 年 2 月 19 日，第 1 版。

要求现代农业要大力推进数字化进程，加快物联网、大数据、人工智能等技术在农业领域的应用，提高生产效率，提升农产品质量。正是在这一精神的指导下，科技部于2019年颁布实施《创新驱动乡村振兴发展专项规划（2018—2022年）》，明确指出乡村振兴必须坚持农业农村优先发展的总方针，必须发挥科技创新对农业农村现代化的全面支撑作用，把农业科技创新摆在国家科技创新全局更加突出的位置，依靠创新驱动乡村振兴。2020年中央一号文件亦明确指出，科技创新是乡村振兴的根本保证，是实现农村经济发展方式从“数量—速度型”向“质量—效率型”转变、经济增长动力从要素驱动向创新驱动转变、产业结构从价值链中低端向价值链中高端转变的关键所在。2021年12月，农业农村部印发《“十四五”全国农业农村科技发展规划》，明确把智慧农业元器件、农业大数据算法、农机装备等领域一批具有自主知识产权的核心技术产品的突破列为“十四五”期间农业科技创新的主要目标之一。

农业科技的关键技术突破，将会极大地提高农业产业的生产效率，带来现代农业产业的快速增长和规模报酬递增，进而导致生产要素从其他低收益产业向农业产业流动，从而最终形成规模效应，推动农业经济快速发展。在乡村振兴战略实施过程中，加大科技创新研发力度，开发新产品、研发新的生产技术和新的管理方法，把机械化、智能化贯穿农作物耕、种、管、收等各环节，推动农业生产经营、管理服务机械化、智能化改造，通过科技创新成果对生产诸要素渗透、融合，将会极大地提高资源的边际效率。全面推进乡村振兴，要在尊重农业生产规律的基础上全面提升农业生产机械化、智能化水平，以机械化、智能化驱动农业发展现代化，不断提高农业质量效益和竞争力；要充分利用科技创新的集聚功能和规模经济效应，形成各具特色的创新产业集群和规模经济，降低社会管理、服务总成本，提高业内整体运用效果，从而有利于营造和谐的生产、生活环境，实现乡村集约发展，农民收入得到提高。①

句容市以科技创新驱动战略为引领，以市场需求和地域特色为导向，与江苏大学等科研院所开展多层次、全方位合作，着力开展丘陵地区农业生产机械化、智能化科技短板攻关，努力把机械化、智能化贯穿农作物耕、种、管、收等各环节，极大地提升了农业发展质量和竞争力。一是提升粮食生产全程机械化与智能化水平。江苏大学亚夫智能农机创新服务团为句容市戴庄村定制了低碾压率再生稻联合收割机，与传统收割机相比，对稻田的碾压率降低到了20%以下，压的力量轻，面积也小，最高可提高再生稻产量25%左右。2021 年 6 月，江苏大学农业工程学院相关教师赴句容基地调研大豆玉米带状复合种植情况，试验专用植保机具，目前，正在申报镇江市农业科技推广项目“大豆玉米带状复合种植全程机械化技术集成与推广”项目。二是推进茶叶生产全程机械化与智能化。2022 年 1 月 12 日，江苏大学联合农业农村部南京农业机械化研究所、江苏农林职业技术学院、镇江市农业科学院、江苏悦达集团等组建跨单位、跨学科专家服务团队，召开了智能茶场方案论证会；1 月 21 日，江苏大学丘陵地区特色农机团队调研了句容茶博园、茅山茶场，并就茶园布局改造、栽培模式改良、配套设施完善等问题进行了交流；3 月 10 日、5 月 27 日，江苏大学刘晨晨一行 3 人在茅山茶场对管道动态监测进行了实地考察，利用无人机遥感技术对茶园进行了数据采集，同时进行了

① 宋保胜、刘保国：《科技创新助推乡村振兴的有效供给与对接》，《甘肃社会科学》2020 年第 6 期。

水肥一体化喷灌系统的喷管加装电磁阀实验。目前，茅山茶场智能化项目已被列入句容市政府年度重点工作，项目实施方案已拟定完毕，并通过了专家论证。三是示范推广应时鲜果生产机械化技术与装备。3 月 10 日、5 月 21 日、6 月 10 日，江苏大学丘陵地区特色农机团队实地调研了句容市东篱家庭农场、天王镇老曹家庭农场，主要调研猕猴桃和茄果类蔬菜采摘装备研发情况；江苏大学节水灌溉团队研究成果“丘陵山区果蔬茶灌溉装备关键技术与应用”在句容市得到广泛推广应用，促进了当地葡萄、草莓、茶叶产业的健康发展，取得了显著的规模经济效益。

6.3.2 数字农业的产业全链条效应是乡村振兴的动力基础

习近平总书记强调，要推动互联网、大数据、人工智能和实体经济深度融合，加快推动农业数字化、网络化、智能化。数字农业建设不仅是信息化发展的题中之义，更是推动农业农村现代化和乡村振兴的重要抓手。加快数字乡村发展，通过在农村地区布局人工智能、物联网等基础设施建设，不仅有利于筑牢数字乡村的发展基础，更有利于实现数字技术与现代农业的深度融合。把数字技术贯穿农作物耕、种、管、收等各环节，推动农业生产经营、管理服务数字化改造，不仅能够带来农业技术的革新和农业生产力的提高，更能够进一步有效挖掘新业态、新模式的潜力，从而推动农业经营模式及产业结构的深刻变化。比如，推进电子商务进乡村的“数商兴农”工程，不仅为广阔乡村搭建了农产品流通新平台，有效拓宽了农民增收渠道，更是推动了乡村旅游、智慧农业等全链条产业的迅速发展，深度激活了乡村振兴的潜能。数据显示，2021 年，全国农村网络零售额达 2.05 万亿元，农产品网络零售额达 4221 亿元。中央网信办等10部门印发的《数字乡村发展行动计划（2022—2025年）》，明确提出了“培育形成一批叫得响、质量优、特色显的农村电商产品品牌，乡村网络文化繁荣发展，乡村数字化治理体系日趋完善”的数字乡村发展目标。

数字农业是数字乡村发展的有机组成部分，是将数据作为新的农业生产要素，运用现代信息技术对农业生产的对象、环境和过程进行可视化表达、数字化设计、信息化管理的现代化农业。数字农业将计算机技术、通信和网络技术、自动化技术以及地理信息系统等高新技术与农学、植物学、地理学、生态学、土壤学等基础学科有机结合起来，使现代信息技术与农业各个环节实现有效融合，对于实现传统农业的转型升级、转变农业生产方式具有重要意义。数字技术在农业生产领域的广泛应用，能够不断提高农业生产经营的组织化、规模化、标准化水平，加速推进农业现代化进程。全面推进乡村振兴，要在尊重农业生产规律的基础上发展数字农业，促进农业在生产决策、过程管理、产品质控、经营体系、金融支持、消费服务等领域改革创新，全面提升农业生产智能化、经营网络化、管理高效化、服务便捷化水平，以数字化引领驱动农业现代化，不断提高农业质量效益和竞争力。比如，句容市积极应用数字化农业装备，建设智慧农业示范区，极大地提升了农业产业发展的竞争力。江苏大学指导句容市后白良种场智慧农场项目，在句容市后白镇延福村、金山村等地开展宜机化高标准农田、农情感知系统、智能农机选购、农产品加工基础、智慧管控平台建设技术指导与共建。同时，句容市还整合现有数字化资源，打造农业大数据平台，突出行业管理服务的数字化、信息化，积极融入江苏省农业农村大数据系统，助推“互联网+农业”创新融合发展，大力推动“苏农云”底层软件平台建设及应用，形成“三农”数据一张网，为现代农业产业的迅速发展提供了强有力的信息支撑。

数字技术在农业领域的创新应用正如在农业经济发展中导入一种新的生产函数，即“生产要素的重新组合”，通过新技术对生产要素重新组合，推拉上下游产业联动，达到完善全产业链的效应。在乡村振兴战略实施过程中，数字技术的广泛应用不仅能推进诸多生产要素的深度融合，关联农业生产的上、下游产业集群发展，更能旁侧关联服务配套产业，推动相关物联网、农村电商等新业态迅猛发展，为乡村振兴战略实施注入新动能。句容市数字农业对其电子商务产业发展的影响就是鲜活的例证。依托国家级电子商务进农村综合示范县建设，句容市升级改造了电子商务物流中心，该中心占地5000平方米，配有智慧物流信息管理综合系统，具有展示、搜集、统计、开放查询、车辆管理等功能。除了建成物流中心，句容市还整合了10多家快递物流公司资源。目前，全市已开通了3条线路，完成了11个镇级和71个村级电商服务站点的建设，分别辐射华阳街道、茅山镇、茅山风景区、后白镇、白兔镇和边城镇等，打通了市、镇、村三级物流双向流通渠道，解决了电商进农村“最后一公里”的配送难问题。和2020年12月快递业务量最高峰相比，配送专线开通后，全市快递量上涨了35%左右，下行配送已突破18万件，24小时内可完成配送。句容市电子商务进农村综合示范项目，以农产品和旅游为媒，以农村电商为主要抓手，以乡村振兴为契机，结合独具特色的福地文化，持续探索并落地“人+货+地”的电商模式，即培育孵化本地化电商人才和主体，打造标准化网货和品牌化产品，通过福地文化赋能，创新农村产品上行体系，促进产业融合升级，加速助力乡村振兴的步伐。随着句容市国家电子商务进农村综合示范项目建设的深入，句容市逐步形成了以区域公共品牌“句品划算”为载体，以鲜果、茶叶、稻米等农产品为特色，以梳子、纸巾、手工零食、酒类饮品等工业品为支撑，以民宿、红色旅游、文化创意等旅游餐饮为亮点的电商格局，让句容市这块福地焕发出新的生机。

6.3.3 智慧农业的环境联动效应是乡村振兴的外部保证

所谓智慧农业，就是充分应用现代信息技术成果，集成应用计算机与网络技术、物联网技术、音视频技术、3S 技术、无线通信技术及专家智慧与知识，实现农业生产环境的智能感知、智能预警、智能决策、智能分析、专家在线指导，为农业生产提供精准化种植、可视化管理、智能化决策。智慧农业是农业生产的高级阶段。

智慧农业通过生产领域的智能化、经营领域的差异性以及服务领域的全方位信息服务，推动农业产业链改造升级；实现农业精细化、高效化与绿色化，保障农产品安全、农业竞争力提升和农业可持续发展。作为一种农业科技现代化的高级形态，智慧农业的发展必然要求对过去旧有的较为落后的产业发展技术机制进行调整和改变，通过生产力诸要素的高效配置提升其综合效能，努力达到科技创新与良好社会秩序的协调统一。在乡村振兴战略实施背景下，智慧农业必然催生生态农业功能、空间、结构、模式及资源科学优化的生态增值技术体系，要求利用生态环保、生态修复、节能减排等技术对生产、生活的排放废弃物进行处理，营造和谐的生产、生活环境，降低社会管理服务总成本，推进农村公共服务均等化发展，最终实现乡村宜居、乡风文明和治理有效的新局面，达到生产集约高效、生态山清水秀、生活宜居舒适的效果。

句容市科技服务体系的不断完善及生态环保技术的革新，正是智慧农业环境联动效应的生动体现。随着农业生产装备机械化、智能化的深入推进及数字农业的广泛发展，句容市愈发重视加强政产学研联合协作，不断健全科技服务体系。一是启动省级农业现代化先行区建设工作。以“六化六强”为重点建设任务，推进省级农业现代化先行区建设，按照建设方案，做好动态指标监测、建设任务落地、重大需求调度，积极申报国家农业现代化示范区。开展江苏省句容现代农业产业示范园创建，做好公共服务平台及其配套基础设施建设，推进示范园公共服务能力提升，2021 年 5 月底通过省级认定。二是实施“探索全域开展农产品质量安全追溯机制”改革。以白兔镇域内为重点，探索“农安追溯+信息化、农安追溯+成果应用、农安追溯+保险服务保障”机制，实施省级第四轮农村改革试验区建设。新建村级工作站 37 家，评定追溯示范基地 60 家，规模农产品生产主体可追溯率达 85%以上，在 5 个镇试点推进胶体金免疫快检技术，白兔镇创成省级五星级农产品质量监管机构。三是推进农业科技示范基地建设。江苏大学参与实施的 3 个江苏省农业产业体系（葡萄、蛋鸡等）综合与推广基地项目基本完工，并已通过体系考核，上半年新增玉米与青虾省级产业体系基地 2 个，正在实施 6 个句容市农业科技示范基地建设项目、3 个镇江市农业科技示范推广“1+1+N”项目。

同时，为了打造宜居乡村，句容市持续开展生态环保技术革新。一是加强农业污染防控和治理。推进化肥、农药减量增效，着力提升规模养殖场粪污处理设施装备配套率，加强水产养殖污染源头防治、尾水达标排放和水生态保护。开展 5 个绿色防控示范区建设，不断提高主要农作物绿色防控覆盖率、专业化统防统治覆盖率，2022 年农药施用量较 2020 年减少 1%左右、化肥施用

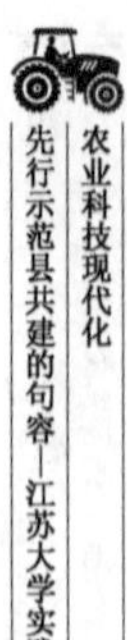

量较2020年减少1%左右、秸秆综合利用率稳定在96%以上，废旧农膜回收率达到91.6%，规模养殖场畜禽粪污资源化利用率达到97.81%以上，推广水产健康养殖技术3万亩。二是加强农村人居环境综合整治。以“四清一治一改”“四个专项行动”为主线，持续深入开展村庄清洁行动，打好夏季战役，提升农村人居环境质量。坚持“干净、整洁、有序”的标准，通过明确工作重点、引导人人参与、抓好示范引导、强化督查考核等措施，紧紧围绕“有制度、有标准、有队伍、有经费、有督查、有问责”的要求，进一步完善管护机制，推动村庄清洁行动常态化、制度化、持续化。三是推进美丽乡村、特色田园乡村建设。推荐西冯村、玉晨村申报2022年中国美丽休闲乡村，积极申报乡村休闲旅游农业特色模式2家、乡村休闲运动基地3家。评定四星级农家乐10家、三星级农家乐15家、二星级农家乐21家，四星级采摘园10家、三星级采摘园15家、二星级采摘园19家、一星级采摘园7家。

6.3.4 乡村善治是农业科技现代化的重要目标

社会各阶层共同富裕是在以习近平同志为核心的党中央着眼当前我国经济社会发展实践的基础上适时提出的发展新理念，也是乡村振兴战略的重要内容。共同富裕的实现需要加大对农业科技现代化发展的投入力度，通过农业装备的机械化、智能化发展提高生产效率以提供必要的物质基础，需要数字技术的广泛应用发展全链条产业以不断优化经济结构，需要智慧农业发展催生环境联动效应以不断提升乡村社会公共服务水平，以逐步改善乡村治理。习近平总书记指出：“要用好现代信息技术，创新乡村治理方式，提高乡村善治水平。”国内也有学者指出，加强乡村治理需要完善党组织领导的乡村治理体系，推行网格化管理和服务，做到精准化、精细化[1]。比如，句容市茅山镇围绕高效农业和葡萄文化发展，创新开展合作联社党建工程，构建了“镇党委+合作联社+功能党支部”的组织架构，使得特色田园乡村建设过程成为组织发动农民、强化基层党建、培育新乡贤、提高社会治理水平、重塑乡村凝聚力的有效途径。持之以恒把准乡村产业方向，重点布局粮食、鲜果、茶叶、蔬菜四大优势产业，按照都市农业的市场导向、精品农业的价格选择、休闲农业的功能定位、循环农业的生态理念、智慧农业的技术方向，优化生产结构、产业结构、经营结构，深化现代农业产业党建联合体建设，强化优势产业载体培育，推进规模产业集群发展；科学合理完善乡村产业机制，围绕基地、规划、品牌、平台、体系、链条、队伍、农场、招商等九个方面，以“链长制”为统领，制定工作细则和详细方案，统筹推进全市乡村产业发展，顺利实现了农民增收致富的目标。

科学的经营管理模式与完善的技术服务体系，不仅有助于推动农业产业高质量发展及产业结构优化升级，亦能吸纳更多主体有序参与乡村治理，助力乡村共建共治共享。全面推进乡村振兴，需要发挥好技术服务体系的支撑作用，以此驱动乡村治理社会化、法治化、智能化、专业化，助力建设充满活力、和谐有序的善治乡村。多年来，句容市茅山镇坚持以信息技术赋能产业高质量发展，不断创新完善经营管理模式与技术服务体系，为共同富裕、乡村善治目标的实现不断凝聚合力。比如，丁庄万亩葡萄专业合作联社实行“五统一”的经营管理模式，统一品种育苗、统一生产资料、统一技术培训、统一品质标准、统一品牌销售，建立

---

① 刘同君等：《农民权利发展：新时代乡村振兴战略背景下的时代命题》，东南大学出版社，2019，第120页。

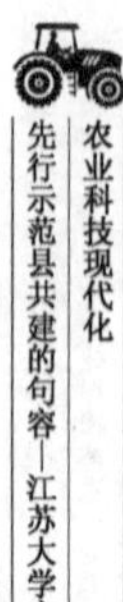

"专家+团队+农户""1+1+N"技术推广体系，推广葡萄栽培、病虫害绿色防控等实用技术，打造电商平台、完善冷链物流。2006 年，赵亚夫牵头成立戴庄有机农业合作社，为农户提供产前、产中、产后统一服务，促进村集体经济和农民收入"双增长"。村社干部交叉任职，形成在基层党组织领导下的"村社协同"。2020 年，江苏省农业科学院启动实施亚夫科技服务体系建设，通过遴选亚夫科技特派员、组建亚夫科技服务工作站、实施亚夫科技服务项目等，探索实施乡村振兴战略背景下农业科技服务的新模式。句容市农业农村局坚持"党建引领、规划统筹、产业支撑、人才保障、改革突破、文化浸润、美丽美好"发展理念，综合"戴庄经验"、合作社、党建联合体、乡土人才、三产融合等多种手段，系统推进乡村"五大振兴"，多措并举，最终实现农民增收致富的目标。

附录 1　访谈记录

访谈记录（一）

访谈时间： 2022 年 8 月 1 日 10:00

访谈地点： 镇江句容市华阳街道新坊村

访谈目的： 了解农业科技现代化助力乡村振兴的相关情况

访谈对象： 新坊村党支部书记

记录人员： 苏千（江苏大学财经学院）

问： 书记您好，感谢您能在百忙之中抽出时间来接受我们的访问。

书记： 你们好，非常欢迎你们。

问： 我们这次来的目的主要是想了解你们村农业科技现代化及乡村振兴的相关情况，您能跟我们讲讲吗？

书记： 那我先大概跟你们讲一下我们村的基本情况吧。我们新坊村位于句容市南端，毗邻 104 国道及机场路。下辖有 10 个自然村，21 个村民小组，共 860 户，人口 3106 人，耕地面积 3100 亩，算是一个不小的村子了。这些年来，我们村也在不断地探索，持续跟进乡村振兴建设，积极响应国家“三农”工作的号召，努力发展农业经济，让我们村的乡亲们都能共同致富，构建我们更美丽、更文明的新坊村。在村民、村干部和上级政府共同的努力下，我们新坊村还连续两届获评“江苏省生态文明建设示范村”。

问：新坊村发展得这么好，一定有独特的措施吧，书记能跟我们具体讲讲吗？

书记：当然可以。我们村的发展离不开三个方面的因素，首先是我们句容市政府的政策扶持。去年年初，句容市村（社区）“两委”换届工作结束，村“两委”成员平均年龄下降7岁。句容各镇设立“老书记顾问团”，帮助我们这些年轻的书记挑起大任。2018年起我市还实行村级人才统一招考，两年多来录取339名本土人才到村里工作学习。去年，句容市将“村书记专职化管理”定为书记项目，在全省率先试点村书记五级晋升差异化竞争。同年，本市成立专职村书记培训学院，将赵亚夫事迹馆、全国劳模纪荣喜工作室作为课堂，邀请名书记、党员致富带头人给村书记进行培训。这些都对我们顺利开展工作起到了非常大的帮助。其次，我们村着力打造“老鹅美食”特色产业。以鹅美食文化为主题、坊文化和花灯文化为扩充，以美食街为载体，融合特色餐饮、农业观光、农园采摘、农俗体验等功能，形成富有农俗文化内涵的特色乡村旅游基地。打造“村美鹅肥、坊坊飘香”的品牌形象，着力把新坊建设成为“江苏鹅文化第一街”“句容特色民俗文化展示重要节点”，这些年来也取得了不错的收益。还有一点，就是我们近几年特别注重人才引进和培育，更好地发展我们村的农业科技。句容每年开展新型职业农民培训5000多人次，新型职业农民培育程度达55%。多批次组织上百名“农二代”赴日本、以色列学习深造，努力发展现代农业产业。截至去年年底，句容市由青年农民创立的各类农业新型经营主体达3000多个，农产品年销售额达8亿元。

问：您刚才提到发展新坊村的农业科技，目前新坊村已经发展了哪些科技，又有哪些具体措施？

书记：现在全国各地都在开展数字化乡村振兴工程，我们村也不例外。数字乡村建设既促进了农村消费方式转变，让农民生活更便捷、更美好，也让我们的农产品得以畅销，转变了我们的农产品经营方式，拓宽了销售路径。互联网让我们村越来越多的村民的生活因“网”而变，我们不断完善物流网络，优化服务。同时，村里为有意愿、有能力的农民提供优惠政策、创业帮扶、实务培训，促进农村电商兴农富农。除此以外，我们村还着力构建现代乡村治理体系，数字技术在其中发挥着重要作用。“互联网+政务服务”助力群众便捷办事，让各个村民委员会信息集中汇聚，乡村社区管理、服务“网上办”“掌上办”“快捷办”，有效提升了我们基层乡村的治理效率。在农村示范地区部署各类物联网传感器和摄像头，采集各类信息，经 5G 网络回传、分析、处理后，为村民和合作社提供预警信息，及时有效应对自然灾害、事故灾难、公共卫生和社会安全等突发事件并实施应急管理。加上句容市政府对“新农村”发展的重视，积极搭建乡村振兴设计师工作平台，用设计发展农业、用创意点燃乡村，进一步探索农文旅融合发展的乡村振兴实践路径。目前，句容市农业科技进步贡献率达 66.66%。政府还积极开展全国职业农民、全国贫困村创业致富带头人等培训，为全国 100 多个农业专业合作社提供技术支持，每年培训农民及农业工作者数万人次，相关经验做法向全国推广，让科技和数字化经济真正知农、利农。

问：是啊，这些确实也都离不开人才的引进和培训，新坊村在这方面也花了不少功夫吧？

书记：对啊，我们村坚持“走出去”与“学回来”相结合。“走出去”学习国外先进技术，吸引国外的优质人才。打开国际

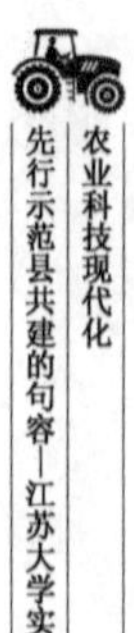

化交流的大门，互通有无，全力提升农业标准化种植、土壤改良、梳花梳果等实操本领，推进产品改良。“学回来”结合国内实用技术。利用江苏农科所、江苏农林职业技术学院、句容中等专业学校等本土资源开展培训，推广先进技术和果蔬种植的标准化。从“全国脱贫攻坚楷模”赵亚夫到江苏“时代楷模”糜林，一批又一批科技致富带头人活跃在句容的田间地头。句容着力打造“一镇一品、一村一园”农民创业园，举办“十佳”新型职业农民评选大赛，通过政府搭建平台，为这些“新农民”创造交流和发展机会。句容市从2015年举办首届“福地青年英才”创业大赛起，涌现出省“最美大学毕业生”华梦丽、省“三带”名人汪厚俊、省农村青年致富带头人郁宝峰等一批扎根基层、服务“三农”的创业青年，带领周边村民致富奔小康。我们村也有很多这样的年轻人，他们任劳任怨，将自己的专业本领奉献于家乡的建设，带领家乡人民脱贫致富。

问：在实施数字化建设和发展农业科技的过程中遇到过挫折和困难吗？

书记：是的，在这个过程中确实遇到了很多困难，包括现在，有些困难也是存在的，还有待解决。虽然说近年来农业科技成果数量显著增加，为农业产业发展提供了有力支持，但仍存在农业科技成果推广应用能力不足、农业科研成果转化率低、法律制度还有待完善等问题。

问：您能具体跟我们说说这些困难吗？您觉得产生这些困难的原因又是什么？

书记：（1）很多村民接受文化教育的程度不高，科学素质较低，难以改变长期形成的小农思维，以致推广普及农业科技的难度较大。很多村民家里世世代代都是农民，家境也比较贫寒，村里60岁以上的老人普遍存在科学知识匮乏、技术素质较低的问题，也不愿意去学习和接受新的技术，加之绝大多数青壮年农民外出务工，在家农民年龄普遍较大，不善于精耕细作，习惯于粗放式的广种薄收，再加上农村科普工作开展不到位，导致农民对先进农业科技的理解和接受程度不足，以致影响到农业科技成果的转化。比如，发展农作物的电商产业。多数农民只知道自给自足或者到集市上卖卖，赚点生活费等小钱，没有想过要创新产品和产品的营销方式，更别提去关注土壤、气候、海拔高度、肥料的选择等细节，这也造成了村里人力、物力和财力的极大浪费，还影响了农业科技成果的转化。（2）农业科技研发者深入基层转化科技成果的意识淡薄，村民们目前能够看得到的以及运用上的农业科技成果很少。当前，分散式传统农业还占有相当大的比重，农业产业发展仍以一家一户式的农户为主，而多数农业科技研发者高度重视科研经费争取、科研成果取得及获奖，对于科研成果是否能解决县域生产实际问题和满足农民群众的生产需求却关注程度不高，这不仅使部分科技成果在现实生产中不适用，还使购买相应设备费用高昂，这使农民群众难以接受，进而影响了科研成果的转化推广。比如，我们村的老鹅保鲜。我们有一些真空保鲜、辐射保鲜等方法，但有的技术成本较高，还不如传统的保鲜方法，在老鹅等食品产业发展中得不到推广使用。（3）农业科技的相关法律制度还不够完善，法制环境仍需优化。目前我国农业科技发展还存在很多应用上的问题，符合市场经济条件的农业科技创新体系还没有完全建立起来，很多关于农业科技的立法已经不适应现阶段我国农业科技的发展状况，应当抓紧制定新的法律。《关于农业科技体制改革的若干意见》等文件已经试行了许多年，有条件在总结经验的基础上制定有关的专门法规，以便进一步规范农业科研机构，保障农业科教经费的投入，保护农业科教者的合法权益，规范农业技术市场，推动农业科技成果的转化，加强农业科技教育和专业技术人员的培训工作，将其纳入规范化、正常化和法治化的轨道，这是实现科教兴农的基础和前提。

问：你们面对这些问题采取了有力的措施了吗？

书记：是的，我们也在不断地探索与前进，积极与上级政府沟通和合作，找寻更好的有助于新坊村发展的方法，紧紧围绕经济发展这一主旋律，坚定不移做实事，提高工作标准，坚持正能量思想，扎扎实实做好每一项工作。

问：很感谢书记的回答，我们从中也学到了很多知识，我们相信新坊村今后的发展会越来越好。

访谈记录（二）

访谈时间：2022 年 8 月 1 日 14:00

访谈地点：镇江句容市华阳街道新坊村

访谈目的：了解农业科技现代化助力乡村振兴的相关情况

访谈对象：新坊村村民张阿姨

记录人员：苏千（江苏大学财经学院）

问：张阿姨您好，我们是江苏大学财经学院的学生，目前正在做一个有关农业科技现代化先行示范县共建的句容实践，所以需要向您了解一些基本情况。

张阿姨：好的，你们问吧，我知道的话一定都告诉你们。

问：非常感谢您！请问您今年多大了？

张阿姨：59 岁。

问：家里一共几口人？

张阿姨：家里一共5口人，我老伴儿、儿子、儿媳，还有一个孙子。儿子已分家出去单过了，平时我就跟老伴儿一起过。

问：您现在的职业是什么？

张阿姨：我就是一个普通的农民，在家种种菜、种种桃子，我老伴儿今天就出去卖桃子了。

问：您家大概有多少亩地种桃子呀？

张阿姨：大概有2亩多地吧。

问：您对本村和乡镇的交通、通信、电力、饮水、网络、物流等方面的基础设施和服务感觉怎么样呀？

张阿姨：我觉得还挺不错、挺方便的。这两年我们村子发展得算是不错的了，村里修了马路，电啊、水啊都不缺，大家的日子算是越过越好了。不像好几年前，家家户户都太穷了，进城都走泥土路，哪哪都是垃圾，多脏啊。现在的村子多漂亮啊，干干净净的。

问：张阿姨，您有没有听说过政府的乡村振兴战略呀？

张阿姨：我听说过，我在电视新闻上看到过，之前书记开会呀啥的也听到过。

问：那您有没有去了解过咱们新坊村的这个乡村振兴有哪些措施呀？

张阿姨：我就是一个普普通通的村民，没有专门去了解过，但是书记要搞这个，要带全村一起脱贫致富的话，我还是很愿意支持的。只是我现在年纪慢慢大了，也做不了什么了。

问：阿姨，现在网络上“网红”、电商卖货卖得多好啊，您没想过把您家桃子拿到网上卖啊？

张阿姨：想过是想过，我在电视上也看到过什么网络卖货，我孙子还给我讲过网上卖的东西又好又便宜。但是我年纪大了，对手机啊、互联网啊这些东西都玩不来啊，我不知道这个怎么放在网上卖，会不会有人来买，我怎么给他送过去，这些我都一无所知，还是算了吧。

问：村里没有组织培训教大家吗？

张阿姨：有是有，那些大学生啊专门来村里开了网络电商培训会，但是我们年纪大了，接受得慢，也不想着赚那个钱了。我和我老伴儿两个人种种桃子，拿去街上卖卖，还可以送送人，自己留一些吃，也挺好的。

问：如果村里把大家的果园都征收了或者承包下来，集中在一起卖，您愿意吗？

张阿姨：征地这事儿啊我可得跟我家里人商量一下。我知道我们村这两年发展得是挺好的，那些年轻的小伙子啊也很能干，能够把果园做大，卖给更多的人，利用现在的这个网络卖货啥的赚很多的钱。但我们家毕竟种这个桃子很多年了，我老伴儿也未必会同意啊，而且村里土地流转很多都是口头说一下，没有合同，容易发生纠纷。

问：哈哈哈，阿姨啊，你们都有经验啦，说不定书记还会请你们去当专家教教他们怎么种呢。对了，那村里现在对于你们种地这一块的法律政策怎么样啊？您了解吗？

张阿姨：我不是特别了解，但是我听说现在做这个网上卖货也有很多骗子，本来我们年纪大的人对这个就不太接触，一听这个更不敢了，还是要加强法律约束，我们老百姓才放心。

问：阿姨您说得对，现在农业科技发展得越来越快，很快啊就会有更多自动化的设备投入农业生产，到时候咱们新坊村能发展得更好，百姓的生活也会越来越舒坦。

张阿姨：是啊，现在的种地机器越来越多、越来越先进了，我啊，跟不上时代啦，哈哈哈哈……

问：张阿姨，跟您谈得很愉快，时间也不早啦，这次就到这里吧，再次感谢您对我们课题组的帮助！张阿姨，再见！

张阿姨：不客气，再见！

访谈记录（三）

访谈时间：2022年8月5日14:00

访谈地点：镇江句容市二圣村

访谈目的：了解农业科技现代化助力乡村振兴的相关情况

访谈对象：二圣村村干部

记录人员：苏千（江苏大学财经学院）

问：您好，我们是江苏大学财经学院的学生，目前正在做一个有关农业科技现代化先行示范县共建的句容实践，想向您了解一些基本情况。

村干部：好的好的，你们问吧。

问：非常感谢您！您能先跟我们讲一下咱们村的人口、土地和产业的基本情况吗?

村干部：好的。村庄的常住人口有3505人，男女比例1∶1.05，算是比较平衡了，年龄嘛60岁以上的占大多数。自十九大以来，村庄人口逐年递减，原因多为外出打工、上学和搬去城区。我们村自然地理条件还不错，大概平均每户有0.5亩地，总耕地面积7926亩；种植规模4045亩，主要种植水稻、小麦这些经济作物，也有一些水果、蔬菜等农产品。

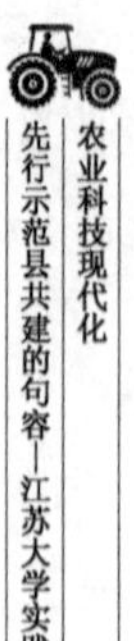

问：村里教育、医疗等各种设施的发展情况如何？

村干部：村内有一所幼儿园、一所小学，分别是二圣幼儿园和二圣小学，都有专门的校车接送，孩子们的教育和安全还是有一定保障的。村内有自己的卫生院，要是需要买药，直接在卫生院购买就行。村民新农合参保率100%，村民们一般小病就选择在句容市人民医院，大病基本选择在南京三甲医院。村内60周岁以上的常住老年人约600人，基本上都是居家养老或者在民办养老服务中心养老。村里配备有2处农家书屋，藏书6000册，全天对外开放；供村民参加文化活动的场所有6处，面积共计6000平方米。在生态文明这一块我村也是走在前面的，我村在全镇率先实行垃圾分类，率先使用无接触智能垃圾分类箱，每月开展垃圾分类星级文明户的评选，还设有垃圾分类积分兑换超市。近2年来我村厕所改造率达100%。

问：村里的基础设施怎么样呀，比如供水、供电、通信、道路等？

村干部：生活用水为全市统一供应的自来水；耕地灌溉主要是地表水；居民用电按市国家电网标准缴费；村内5G信号全覆盖，宽带覆盖全村，以电信和移动网络为主；村里交通十分便利，整村实现道路硬化，大的自然村已完成沥青道路的建设，修建费用主要来自涉农项目资金和由村集体自筹；全村快递使用统一收件地址，集中在村内完成所有快递的收发，现在物联网发展得十分迅速，村里的通信、物流等发展得都不错。

问：请问在农业生产过程中有用到哪些农业科学技术吗？

村干部：农民家庭、农业生产合作社和农业龙头企业购买基本农产品生产物资的资金来源主要是生产收入；村里的水肥药施用、农药残留等都受到镇农业农村局依照《环境保护法》等法律法规全程监管，指导用药，所以情况还是不错的。我们村还在发展农机智能作业与调度监控、智能分等分级决策系统，生产专用设备投入情况良好，基本实现机械化。

问：村里农产品的交易情况怎么样？

村干部：近年来村里在尝试推进社区网上服务、农业科技信息服务的平台构建，力图为村民提供有效的农产品收购市场信息；为做好农产品区域品牌初加工，还专门聘请了农业专家在线为农民解决农产品区域品牌生产难题。同时，村内还设有电子商务进农村综合示范点、大数据赋能农村实体店、智慧休闲农业平台、休闲农业数字地图等，试图努力跟上互联网时代的发展速度，推进新农村建设，推进乡村振兴，助力我们的农产品产业的发展。

问：那二圣村在“互联网+”特色农产品的产业链这一块的发展怎么样呀？

村干部：我们村的旅游业发展得不算很大，但也在努力开发这些项目，也有配套农旅结合项目，比如水果采摘、亲子乐园、农家乐等，但是我们村在品牌建设、品牌管理、配套产业这些方面还比较薄弱，有待继续开发建设，也希望在未来几年，我们村能够在“互联网+”品牌农产品的供销体系建设、全产业链大数据建设上有发展、有突破，能够与电商巨头淘宝、盒马、京东、拼多多等合作，以此来促进我们二圣村的农业经济发展。

问：村里在农业科技这一块发展得这么好，有没有什么保障措施？

村干部：有的。村里比较重视人才的引进和培养，通过土地流转、融资担保、创业免息贷款、就业培训等措施激励和促进人才回流；同时，培养本土人才，让一些致富能手、专业大户、返乡党员、大学生村官在本村农产品数字化发展过程中发挥模范作

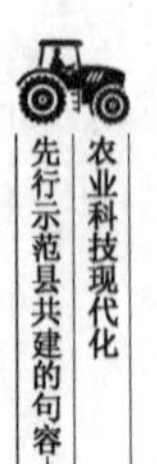

用，积极带动周边农户致富。

问：感谢您的配合，也祝二圣村的发展越来越好，再见！

村干部：不客气，再见！

附录 2　农业科技现代化助力乡村振兴研究调查问卷

您好：

本次调查以无记名的方式进行，您的宝贵意见将有助于我们深入了解农业科技现代化及乡村振兴的相关情况，敬请畅所欲言，非常感谢您的大力支持！

农业科技现代化助力乡村振兴研究课题组

2022. 7. 18

第一部分　基本信息

（单项选择）

请将所选答案的序号填在（　　）里，或将答案填写在相应的横线上。

1. 您的性别是（　　）。

A. 男　　　B. 女

2. 您的年龄是（　　）。

A. 20 岁以下　B. 21 ~ 30 岁　C. 31 ~ 40 岁　D. 41 ~ 50 岁　E. 51 ~ 60 岁　F. 60 岁以上

3. 您的文化程度（含目前在读）是（　　）。

A. 小学　B. 初中　C. 高中　D. 大专　E. 本科　F. 硕士及以上

4. 您当前的职业是（　　）。

A. 农业劳动者　B. 农业兼职人员　C. 城市就职　D. 其他：____

5. 您目前居住于（　　）。

A. 苏南乡村　B. 苏中乡村　C. 苏北乡村

6. 您是（　　）。

A. 普通村民　B. 村“两委”干部　C. 新乡贤　D. 乡村社会组织成员　E. 其他：____

7. 您所在村庄村支书文化程度是（　　）。

A. 小学以下（赋值为1）　B. 小学（2）　C. 初中（3）　D. 高中/中专/技校（4）　E. 大专（5）　F. 本科及以上（6）

第二部分　调查内容

（除非特别说明，否则均为单项选择）

请您对以下问题依据个人判断做出选择。

8. 您对本村和乡镇的交通、通信、电力、饮水、网络、物流等方面的基础设施和服务是否感到便捷满意？（　　）

A. 非常满意　B. 满意　C. 一般　D. 不满意　E. 非常不满意

如果不满意，具体哪方面的条件差距较大（可多选）？（　　）

A. 交通　B. 通信　C. 电力　D. 饮水　E. 网络　F. 物流

9. 您对本村（镇）的教育、医疗、环卫、文化、污水处理、村容村貌、绿化美化等社会公共服务是否感到满意？（　　）

A. 非常满意　B. 满意　C. 一般　D. 不满意　E. 非常不满意

如果不满意，具体哪方面的条件差距较大（可多选）？（　　）

A. 教育　B. 医疗　C. 环卫　D. 文化　E. 污水处理　F. 村

容村貌　G. 绿化美化

10. 您是否了解国家关于乡村振兴的相关政策？(　　)

A. 非常了解　B. 比较了解　C. 了解一些　D. 听说了一些　E. 不知道

11. 您是否知道省里、市里或县里出台过有关乡村振兴的政策？(　　)

A. 非常了解　B. 比较了解　C. 了解一些　D. 听说了一些　E. 不知道

12. 您知道村里实施了哪些乡村振兴的项目（活动）吗？(　　)

A. 非常了解　B. 比较了解　C. 了解一些　D. 听说了一些　E. 不知道

13. 您认为乡村振兴将会给本村（乡镇）的发展和收入增加带来多大程度的好处？(　　)

A. 非常大　B. 较大　C. 一般　D. 较小　E. 非常小

第三部分

请您在下列表格中为项目打分（在相应数字上打“√”）。

项目	非常同意	比较同意	一般	不太同意	非常不同意
1. 我村镇（县）应完善推进农业科技现代化的顶层设计与政策保障	5	4	3	2	1
2. 我村镇（县）为促进农业科技现代化，应提供司法服务与法治供给	5	4	3	2	1
3. 我村镇（县）应加快法治乡村建设	5	4	3	2	1
4. 我村镇（县）应建立多功能、宽渠道、广覆盖的农业科技人才培养体制	5	4	3	2	1

续表

项目	非常同意	比较同意	一般	不太同意	非常不同意
5. 我村镇（县）应“量身定做”并“因地制宜”优化农业科技人才精准培育机制	5	4	3	2	1
6. 我村镇（县）应强化校地合作、协同培养农业科技现代化“领头雁”“土专家”“田秀才”	5	4	3	2	1
7. 我村镇（县）应以“互联网+大数据”打造宜居的数字化乡村	5	4	3	2	1
8. 我村镇（县）应以“互联网+大数据”打造宜创（就）业的数字化乡村	5	4	3	2	1
9. 我村镇（县）应以智慧农业促进农业生产经营数字化转型	5	4	3	2	1
10. 我村镇（县）应以智慧农业促进农业管理服务数字化转型	5	4	3	2	1
11. 我村镇（县）应以农业科技现代化提升乡村自治数字化水平	5	4	3	2	1
12. 我村镇（县）应以农业科技现代化提升乡村德治数字化水平	5	4	3	2	1
13. 我村镇（县）应以农业科技现代化提升乡村法治数字化水平	5	4	3	2	1
14. 我村镇（县）乡村产业振兴比较出彩	5	4	3	2	1
15. 我村镇（县）乡村人才振兴比较出彩	5	4	3	2	1

续表

项目	非常同意	比较同意	一般	不太同意	非常不同意
16. 我村镇（县）乡村文化振兴比较出彩	5	4	3	2	1
17. 我村镇（县）乡村生态振兴比较出彩	5	4	3	2	1
18. 我村镇（县）乡村组织振兴比较出彩	5	4	3	2	1

后　记

本书的出版是集体协作的产物。对编写过程中江苏省农业农村厅、镇江和句容市委市政府的指导，句容市农业科技现代化先行县共建领导小组在各类文件和材料等方面给予的大力支持和帮助，以及句容市农业农村局在调研、访谈时提供的热情接待和便利条件，我们深表谢意！还要感谢冒着酷暑积极参与调研、访谈和数据处理的研究生同学。感谢江苏大学出版社的陈远东总编辑和孙文婷编辑。江苏大学党委书记袁寿其教授在策划统筹、主题确立、大纲编写、统稿出版等各个环节或亲自参与、或关心过问，为本书的顺利面世倾注了大量心血。参与本书编写的人员有：江苏大学党委宣传部金丽馥教授，江苏大学人事处石宏伟教授，江苏大学法学院李炳烁教授，江苏大学财经学院徐小阳教授，江苏大学马克思主义学院付清松、张慧卿、王志刚教授和王林兵博士。因时间、精力、能力有限，书中讹误在所难免，敬请读者批评指正。